최고의 변화는 어디서 시작되는가

Willpower Doesn't Work:
Discover the Hidden Keys to Success
by Benjamin Hardy
Originally published by Hachette Books, a division of Hachette Book Group, Inc.

최고의 변화는
어디서 시작되는가

—— 노력만 하는 독종은 모르는 성공의 법칙 ——

벤저민 하디 지음 · 김미정 옮김

비즈니스북스

최고의 변화는 어디서 시작되는가

1판 1쇄 발행 2018년 7월 14일
1판 16쇄 발행 2024년 7월 9일

지은이 | 벤저민 하디
옮긴이 | 김미정
발행인 | 홍영태
편집인 | 김미란
발행처 | (주)비즈니스북스
등 록 | 제2000-000225호(2000년 2월 28일)
주 소 | 03991 서울시 마포구 월드컵북로6길 3 이노베이스빌딩 7층
전 화 | (02)338-9449
팩 스 | (02)338-6543
대표메일 | bb@businessbooks.co.kr
홈페이지 | http://www.businessbooks.co.kr
블로그 | http://blog.naver.com/biz_books
페이스북 | thebizbooks
ISBN 979-11-6254-023-7 03190

호박이 땅콩만 할 때, 통에 넣어두면
딱 그만큼만 자란다. 그런데 사람도 그렇다.

— 존 맥스웰

진정한 변화는
어디서 시작되는가

사람이 달라지기 위해서는 무엇이 필요할까? 많은 이들이 '의지력'이 중요하다고 강조해왔다. 그러나 의지력은 우리 생각만큼 큰 힘을 발휘하지 못했다. 솔직히 말해보자. 당신은 자신을 변화시키고 삶을 개선하려는 시도를 수백 번은 해보았다. 하지만 그 시도는 번번이 물거품이 되고 좌절감만 맛보았을 것이다. 나쁜 습관을 버리겠다고 의지를 다지지만 예전으로 돌아가기 일쑤 아니던가? 새해를 맞이할 때마다 굳게 결심하지만 2월이면 모든 게 지난해와 똑같아지지 않던가?

나는 사람들이 어떻게 변화하는지 지난 10년간 연구해왔다. 이 탐구는 대학과 대학원에서 심리학을 공부하면서 계속됐다. 가장 효과적이면서 영구적으로 바람직한 변화를 추구할 방법을 계속 연구하고 있다. 그리고 그 연구의 과정이 바로 이 책에 담겨 있다. 이 책은 당신이 원하는 변화를 효과적으로 꾀할 수 있는 전략들을 알려주는 자기계발서다. 의지력에 기대는 것은 개인적인 변화를 위해 결코 효과적인 방법이 아님을 오랜 연구로 알게 됐다. 동기부여를 하려면 의지력보다 행동해야 할 이유에 주목해야 한다. 그리고 실행을 위해서는 목표를 강화해주는 환경을 조성하는 것이 더 중요하다.

열정, 노력, 의지보다 중요한
환경 변화의 비밀

표면적으로는 의지력이 효과가 있어 보인다. 하지만 그렇게 보일 뿐이다. 실제로 우리는 의지력에 모든 것을 걸고 시도할 때마다 무수한 실패를 경험했다. 중요한 것은 의지력이 아니라 환경이다. 아직도 수많은 사람들이 의지력에 매달리고 있다. 그 때문에 다른 소중한 것들을 희생시키고 갈등하고 질병과 스트레스에 시달리고 괴로워하면서도 말이다. 자신이 추구하는 가치와 목표에 맞게 환경을 설계하는 것이 중요한데도 의지력을 맹신하다 결국에는 목표와 상충하는 환경에 주저앉고 만다.

　나는 당신이 변할 수 있다는 것을 증명하겠다는 취지로 이 책을 썼다. 당신은 고정된 존재가 아니다. 상당히 유동적인 존재다. 우리 모두는 근본적으로 바뀔 수 있다. 심지어 즉시 바뀔 수도 있다. 하지만 자신에게만 집중한다면 절대 불가능한 일이다. 자신을 변화시킬 가장 효과적인 방법은 외부 환경을 활용하는 것이다. 환경이 갑작스럽게 바뀐다면 당신도 바뀔 수밖에 없다.

나는 삶이 나의 통제를 벗어나는 것을 계속 지켜봤다. 열한 살 때 부모님이 이혼했다. 중고등학교를 다니는 동안 줄곧 내 삶은 안정감이 부족했다. 의지할 사람도 없었다. 간신히 고등학교를 졸업한 이후 1년 동안 매일 월드 오브 워크래프트 게임을 하며 컴퓨터 앞에만 앉아 있었다. 끼니는 늘 피자와 탄산음료로 때웠다. 마음속으로 갈등을 거듭하면서도 어쩔 수 없는 환경의 산물이 되어갔다. "인생이 그런 거지 뭐."라고 스스로를 설득하며 거기에 젖어들었다.

거의 스무 살이 되어서야 그 환경에서 벗어나야겠다는 생각이 들기 시작했다. 먼저 1주일에 몇 번씩 한밤중에 혼자 달리기를 했다. 처음에 내 삶은 크게 달라지지 않았다. 하지만 규칙적으로 달리기를 하면서 달라지기 시작했다. 환경의 자극과 감정에서 벗어나는 그 순간만큼은 명확하게 사고할 수 있었다. 나는 스스로 만들어가고 싶었던 삶에 대해 생각했다. 그러자 내가 원하지 않는 삶을 살고 있다는 사실을 깨달았다. 내가 어떤 사람이 되고 싶은지, 나 자신을 위해 어떤 미래를 원하는지 깊이 생각하게 되었다.

6개월간의 달리기 끝에 2007년에는 마라톤에 참가했고, 스무 살 생일을 맞은 직후인 2008년 1월에는 고향을 떠났다. 새로운 시작, 새로운 정체성을 위해 반드시 떠나야만 했다. 고향에 머문다면 나 자신을 완전히 리셋할 수 없다는 것을 알고 있었기 때문이다. 전문대학에 다녀보려 했지만 여의치 않았다. 결국 나는 미국의 정반대 쪽에 있는 교회에서 봉사활동을 하게 됐다. 친구와 가족, 인생을 허비하게 하는 게임, 심지어 내게 영감을 줬던 달리기와도 작별했다.

새로운 환경과 역할을 만나면

당신도 달라질 수 있다

내 삶에 새로운 스위치가 켜졌다. 새로운 환경과 역할 속에서 나는 내가 원하는 어떤 사람이든 될 수 있었다. 아무도 내가 어떤 사람인지 몰랐다. 나는 완전히 달라졌다. 나보다 처지가 훨씬 좋지 못한 사람들을 돕는 것이 2년 동안 내가 했던 일이다. 그와 더불어 책을 읽고 일기를 쓰는 데 많은 시간을 썼다. 그런 공부는 언젠가 작가가 되겠다는 결심을 더욱 굳혀줬다.

스물두 살에 고향으로 돌아왔을 때 나는 더 이상 이전 환경에서 살 수 없음을 깨달았다. 나는 달라졌는데 고향은 그대로였기 때문이다. 학업과 일, 독서에 몰두했다. 새로 발견한 비전과 기술 덕에 나는 3년 만에 학부 과정을 수월하게 마쳤고, 로렌과 사귀고 결혼을 했다. 2014년에 정식으로 지원서를 제출하지 않고도 명문 대학의 박사과정에 입학했다. 이 기간 동안 나는 훌륭한 멘토를 구했고, 그 관계를 최대한 활용하는 법을 배웠다.

박사과정 4개월째이던 2015년 1월, 아내와 나는 위탁부모 자격을 승인받고 세 살, 다섯 살, 일곱 살짜리 3남매를 맡게 됐다. 어려운 환경에서 자라던 아이들의 부모가 되는 과정에서 우리 가족 모두는 커다란 변화를 경험했다. 5년 넘게 전문작가가 되고 싶다는 소망을 품었지만 내 생활은 눈 속에 갇힌 트럭과도 같았다. 나를 앞으로 나아가게 해줄 견인력을 얻을 수 없었다. 그러던 중 위탁부모 노릇은 트럭 짐칸을 채운 장작처럼 나를 움직이게 했다.

그때 나는 등록금을 내고 다섯 가족을 부양하기 위해서 어쩔 수 없이 학교에서 일하고 있었다. 가장이자 아버지라는 새로운 상황에 의해 동기가 부여된 나는 글을 쓸 시간을 확보하기 위해 용감하게 그 일을 그만뒀다. 금전적 어려움은 앞으로의 작가 경력을 위한 장기적 투자라고 생각했다. 일을 그만두고 2015년 봄부터 온라인에 글을 쓰기 시작했다.

나는 작가로 성공할 것을 믿어 의심치 않았다. 타고난 재능이 있어서가 아니라 상황이 성공하기를 요구했기 때문이다. 아내와 아이들은 내게 의지하고 있었다. 그뿐만 아니라 내가 쓸 책이 세상에 꼭 필요하다는 확신이 있었다.

내 이야기는 이 책에서 다루는 내용과 원칙들이 효과가 있다는 증거다. 내가 변했듯 당신도 변할 수 있다. 하지만 먼저 환경을 바꿔야만 한다. 성장하고 싶다면 지속적으로 환경을 바꾸고, 그것을 반복해야 한다. 끊임없이 발전을 추구하라. 경험을 통해서든 다른 사람과의 관계를 통해서든 변화하기를 멈추지 마라.

당신은 할 수 있다. 당신이 어디에 있든 어떤 상황에 처해 있든, 당신에게 무슨 일이 일어나고 있든, 당신은 달라질 수 있다. 자신의 가치와 꿈을 실현할 수 있다.

하지만 외부 세계를 현재 상태로 놓아둔다면 변화는 결코 일어나지 않을 것이다. 내가 만났던 사람들 대부분은 환경은 그대로 두고 모든 부담을 오로지 스스로 짊어졌기 때문에 변화에 어려움을 겪었다. 그 방법은 통하지 않았다. 절대 통할 수가 없다.

당신의 환경을 바꿀 때 당신이 바뀔 것이다. 그것은 당신의 선택이어야 한다. 누군가 당신을 위해 환경을 바꿔준다면 적응 가능성은 크게 낮아질 것이다. 반대로 능동적으로 환경을 바꾸기로 결정한다면 적응 가능성은 확실히 높아질 것이다.

이제 준비가 됐는가?

PART 1

최고의 변화는
환경이 만든다

모든 영웅은
상황의 산물이다

다른 동물과 마찬가지로 인간도 환경으로 형성된다.
하지만 인간에게는 새로운 환경에 적응하거나
새로운 환경을 창조해내는 능력이 있다.

__스키너 B. F. Skinner

역사학자 윌 듀랜트will Durant는 40년 이상 세계 역사를 연구해《문명 이
야기》The Story of Civilization 라는 11권의 걸작을 완성했다. 그는 인류 역사 전
체를 살폈다. 그리고 인류사에서 위대하고 결정적인 순간들과 지금까
지 세상에 알려진 가장 위대하고 영향력이 큰 인물들을 연구했다. 그
리고 그 연구결과들이 이 책에 담겨 있다.

듀랜트는 오랜 시간의 연구 끝에 역사가 위인들에 의해 만들어진
것이 아니라는 다소 놀라운 결론에 이르렀다. 역사는 시대마다 등장

한 위인들이 남긴 흔적들로 이어져온 점토판이 아니라는 것이다. 그는 사실상 위인들이 아니라 상황의 요구에 의해 역사가 형성되었다고 결론지었다. 위인을 탄생시키는 가장 중요한 요인은 특별한 한 사람의 명석함이나 선견지명이 아니라 필연성이라고 생각했기 때문이다.

이는 선뜻 받아들이기 어려운 주장이다. 우리 사회는 개인에게 집착한 나머지 그 개인에게 영향을 미치는 주변 환경을 무시하는 경향이 있다.

영화에서는 놀라운 일, 불가능한 일을 해낸 사람들의 카리스마와 재능을 부각시킨다. 우리는 그런 영웅의 탄생 과정을 믿는다. 그들의 재능이 선천적인 것인지, 학습된 것인지 또는 어떤 약물이 가져온 결과인지도 궁금해한다. 그뿐인가. 서점에는 영웅으로 변신하기 위해 의지력 외에 그릿, 자존감, 자제력 등의 특성이 필요하다고 주장하는 책들이 가득하다.

개인주의 문화에서는 환경을 우리와 구분되는 별개의 것이라고 믿는다. 또 우리가 환경의 영향을 받지 않는다고 믿는다. 하지만 사실 인간은 환경과 끊임없이 영향을 주고받는 불가분의 관계에 있다. 평소 우리가 보여주는 모습과 역량이 다른 상황에서는 전혀 다르게 나타나기도 한다. 그런데도 서구의 사고방식은 인간을 환경과 분리해서 생각하고, 인간과 주변 환경이 주고받는 영향의 맥락을 고려하지 않는다. 우리는 사물을 한정짓고 모든 사물 간의 상호작용을 놓치기 일쑤다.

개인주의적 세계관에 너무 깊게 빠져 있다 보니, 다른 세계관을 고려하기는커녕 그것이 전부가 아닐 수 있다는 생각조차 하지 못한다. 심리학자 티머시 윌슨Timothy Wilson은 이렇게 지적한다.

"사람들은 개인의 성격과 태도 때문에 특정 방식으로 행동한다. 정말 그런가? 정직한 사람이라서 지갑을 주우면 돌려주고, 환경에 관심이 많아서 쓰레기를 재활용하며, 비싼 커피를 좋아하기 때문에 카라멜 브륄레 라떼 한 잔에 5달러를 지불한다. … 우리의 행동 대부분이 주변의 은근한 압력에 의해 정해지는데 그 압력을 인식하지 못한다. 그래서 우리는 행동이 어떤 내적 성향에서 나온다는 그릇된 믿음을 갖게 되었다."

극단적인 개인주의의 대안은 완전한 결정론이다. 결정론에서는 사람을 의지도 없고 자기 행위의 주체도 아닌 기계적인 존재로 본다. 유감스럽게도 이 두 가지 극단적인 관점은 모두 잘못일 뿐 아니라 위험하기까지 하다. 두말할 것 없이 개인의 정체성은 환경에 의해 형성된다. 하지만 개인은 궁극적으로 자신을 형성할 환경을 만들고 통제할 수 있는 힘을 갖고 있다.

듀랜트를 인터뷰했던 이가 이렇게 반문했다. "특정 개인이나 천재, 위인, 영웅은 칼라일Carlisle의 믿음처럼 인류 역사의 주요 결정 요인이지 않았나요?"

그 질문에 대한 듀랜트의 답변이 바로 이 책의 토대가 되었다.

"나는 칼라일이 틀렸다고 생각합니다. … 영웅이 남긴 결과물이 역사라기보다는, 상황의 산물이 바로 영웅입니다. … 영웅은 그의 모든 잠재력을 요구하는 상황을 만나면서 만들어집니다. … 상황이 그러기를 요구한다면 보통 사람의 능력도 배가될 수 있다고 생각합니다."

환경은
생각보다 힘이 세다

듀랜트의 답변은 한 역사가의 입증되지 않은 추론이 아니었다. 상황이 역사와 사람들을 형성해왔다는 그의 통찰은 최근 들어 과학적으로 입증되었다.

그런 연구들 중 하나가 하버드대학의 경제학자 라즈 체티Raj Chetty 박사와 너새니얼 헨드런Nathaniel Hendren 박사의 획기적인 연구인 '기회 균등 프로젝트'Equality of Opportunity Project다. 그들은 미국 내에서 한 개인의 경제 상황이 개선될 가능성을 지도에 표시하는 프로젝트를 진행했다.

그 결과는 놀라울 정도로 명확했다. 사회경제적 지위가 향상될 가능성은 거주하고 있는 주, 심지어 같은 주의 카운티에 따라서도 크게 달랐다. 어떤 카운티에서는 경제 상황이 나아질 가능성이 상당히 높은 반면, 어떤 카운티에서는 그 가능성이 거의 0에 가까울 정도였다. 적극적으로 그 영향에서 벗어나려고 하지 않는 한 출생 환경은 한 개인에게 평생 직접적이고도 가시적인 영향을 미친다.

널리 인용되고 있는 "우리는 대부분의 시간을 함께 보내는 다섯 사람의 평균이다."라는, 작가이자 강연가인 짐 론Jim Rohn의 말을 확인시켜준 연구도 있다. 우리는 그 다섯 사람 각자가 대부분의 시간을 함께 보내는 또 다른 다섯 사람의 평균이기도 하다. 당신 친구의 친구들이 살이 찐다면 당신의 체중이 건강을 해칠 정도로 증가할 확률 역시 급증한다.

이런 부정적인 2차적 연관성은 예견이 어렵다는 점에서 부정적인 1차적 연관성보다 더 위험하다. 좀 더 실제적인 예를 들어보자. 가축에게 보다 나은 유기 사료를 먹이려는 최근의 움직임은 가축의 소비자인 사람들에게 미치는 영향 때문에 시작됐다.

환경은, 수입은 물론 가치관과 허리둘레, 취미에 이르기까지 삶의 모든 측면에 영향을 미친다. 잠재력은 당신을 둘러싼 환경에 의해 정해진다. 당신이 가진 모든 생각은 당신이 받아들인 생각들에 기인한다. 당신이 어떤 사람이 될지 그리고 어떤 인생을 살지도 주변 사람들과 소비한 정보에 의해 제한을 받는다. 무가치한 정보를 넣으면 무가치한 결과가 나온다.

변화를 원한다면 상황의 요구에 부응하기만 하면 된다. 듀랜트의 시각에서 보자면 그렇다. 대부분의 사람이 평범한 삶을 사는 이유는 타고난 재능이 없어서가 아니라, 재능을 펼칠 만한 상황에 놓이지 않았기 때문이다. 즉, 지금보다 더 성장하도록 요구하는 상황을 스스로 만들지 않은 탓이다.

환경이
나를 만든다

환경의 영향력은 이 책의 주제일 뿐 아니라 성장을 위한 핵심 전략이기도 하다. 나는 그것을 일상적으로 배우고 경험했으며, 경이로움까지 느꼈다. 2014년 심리학과 대학원에 진학하면서 아내인 로렌과 함께 사우스캐롤라이나 주 클렘슨으로 이사했다. 처음에 내가 대학원에서 연구하고 싶었던 주제는 '의지력'이었다. 하지만 대학원에서의 공부와 연구, 그리고 3년 넘게 위탁아동을 양육했던 개인적 경험이 내 관점을 바꿔놓았다.

심리학과 개인적인 경험을 깊이 파고들수록 나는 외적 환경이 얼마나 강력한 영향을 미치는지 깨닫게 됐다. 주변 환경을 소홀하게 여기거나 아예 무시하도록 길들여졌던 나로서는 매우 놀라운 일이었다. 나는 환경을 그다지 중요시하지 않았다. 환경이란 정적이고 중립적인 것이라 생각했기 때문이다. 중요한 것은 환경이 아니라 사람의 '의지'라고 굳게 믿고 있었다. 사람이 마음을 먹고 의지를 다진다면 무슨 일이든 할 수 있다고 여겨왔다.

하지만 연구를 하고 인생 경험을 쌓아가는 동안 생각이 바뀌었다. 환경의 영향력이 우리가 알고 믿어왔던 것보다 훨씬 더 크다는 사실을 깨달았다. 나 자신도 환경에 의해 형성되어왔음이 보이기 시작했다. 나는 자라면서 불쾌하고 괴로운 경험을 했다. 그리고 그 경험을 했던 장소에서 벗어나 잘 지내게 된 후에 비로소 환경과 내가 하나라는 사실을 깨달았다.

환경을 변화시키자 나도 변했다. 그런 경험을 통해 정체성과 기술, 정서, 세계관까지도 변화시킬 수 있다는 사실을 깨닫게 됐다. 내 성격은 정해진 것이 아니었다. 나의 환경 그리고 나의 정체성은 대부분 나의 통제하에 있었다.

환경이 인간에게 어떻게 작용하는지 이해하게 된 계기는 이사와 위탁부모가 된 경험이었다. 우리가 맡은 아이들은 클렘슨과 멀지 않은 카운티에서 태어났다. 카운티는 소득 상향 이동이 백분위수 9(얻어진 자료를 크기의 순서로 늘어놓아 100등분하는 값으로, 보통 가장 작은 값은 0, 가장 큰 값은 100이다)에 속하는, 일자리도 드물고 기회는 더욱 드문 매우 가난한 지역이었다.

위탁아동과 관련된 법적 규정 때문에 아이들의 어릴 적 환경에 대해 자세히 이야기할 수 없으므로 이상적인 가정형편은 아니었다고만 해두겠다. 타고난 환경에서 그대로 자랐다면 밝고 똑똑하고 사랑스러운 우리 아이들의 삶이 개선될 가능성은 물론이고 행복과 성취를 맛볼 기회도 사실상 0퍼센트였을 것이다. 체티 박사와 헨드런 박사의 "데이터가 보여주듯이 우리는 계층 간 상향 이동을 위한 조치를 취할 수 있다. … 좋은 환경 속에서 아동기를 보낸 한 해 한 해가 중요한 듯 보인다."는 설명에 고개가 끄덕여진다.

우리 부부가 아이들을 데려왔을 때 그들이 다른 세상에서 왔다는 사실을 확실히 느낄 수 있었다. 다섯 살짜리 여자아이는 숫자를 10까지 세지 못했고 제 이름도 읽지 못했다. 일곱 살짜리 남자아이는 암기한 단어들만 겨우 더듬거릴 뿐 글을 제대로 읽지 못했다. 그 암기한 단어들마저 일부는 부정확했다. 아이들 모두 혼자 잠들지 못했고 신체적·정서적 문제로 약을 복용해야만 했다.

우리 모두 적응 기간 동안 이만저만 힘든 게 아니었다. 완전히 다른 두 세계가 충돌하는 가운데 우리는 새로운 가족으로 융화되어야만 했다. 아내와 나는 지난 3년간 위탁부모 노릇을 하기 위해 엄청난 변화를 감당했다. 아이들을 잘 기를 수 있도록 양육법을 배워야 했으며 생활과 일정의 우선순위도 재조정해야 했다. 그리고 그 어느 때보다 강한 인내심을 발휘해야 했다.

하지만 위탁양육은 우리가 정말로 바라던 일이었고, 달라진 상황들이 우리를 좀 더 친절하고 다정한 사람으로 발전하도록 만든다는 것을 믿었다. 그래서 그런 사람으로 만들어줄 환경을 의도적으로 조성한 것이다.

우리와 더불어 아이들도 극적으로 변했다. 아이들은 엄격한 새 학교에서 잘 지냈다. 스포츠와 다른 과외활동에도 참여했다. 아이들은 지난 3년간 미국의 30여 개 주를 여행하면서 세상에 대한 시야를 넓혔고, 그전에는 존재하는 줄도 몰랐던 다른 환경들을 경험했다. 그 점은 나도 마찬가지였다.

지난해에는 거의 12개월 동안 정제 설탕을 섭취하지 않고 지낸 결과 신체가 변화하면서 아이들의 자신감과 학습능력, 수면 패턴이 향상되고 침착해지기까지 했다. 아이들은 매일 평균 열두 시간을 잤다. 또한 우리는 매일 저녁 한 아이마다 거의 한 시간씩 작문, 읽기, 수학 공부하는 것을 도와줬다.

사람들은 우리 아이들이 달라진 모습을 보고 깜짝 놀라곤 한다. 부모 노릇을 잘했다고 자랑하는 것이 아니다. 우리는 최고의 부모와는 거리가 멀지만 그렇게 되려고 최선의 노력을 다했다.

내가 이 이야기를 공유하는 이유는 우리 가족 모두가 경험했던 환경의 극적인 변화와 그 변화 덕분에 아이들과 우리가 어떻게 달라졌는지를 알리기 위해서다. 나의 환경은 나를 '내가 꿈꾸는 최상의 사람'으로 만들고 있다.

최근에 아내는 아이들과 함께한 시간을 담은 동영상들을 정리했다. 처음 우리 집에 왔을 때 아이들이 얼마나 작았는지 그리고 그동안 우리 모두가 얼마나 변했는지 보고 있자니 기분이 묘했다. 아이들은 너무나도 귀엽고 착했다. 기억이라는 것이 참으로 희한하다는 생각이 들었다. 아이들의 예전 모습을 보고 있노라니 전부 즐거운 추억뿐이었다.

아내가 찍은 동영상들을 지켜보면서 눈시울이 뜨거워졌다. 나는 이 아이들을 진심으로 사랑한다. 그들은 멋진 인생을 살 자격이 있다. 내게 영감을 주며, 저자로 성공하고 싶어지게 만든다. 또한 삶의 목적을 제시해준 존재들이다. 그들이 긍지를 갖고 살았으면 좋겠다. 나는 그들에게 훌륭한 본보기가 되고 싶다. 내가 줄 수 있는 최고의 삶을 우리 아이들에게 주고 싶다. 나의 환경은 이런 점들을 잊지 않도록 부단히 상기시킨다.

환경의 선택을 기억하라

이쯤에서 자유 의지와 결정론에 대해 언급하지 않을 수 없다. 우리 가운데는 자유 의지로 자신의 인생 경로를 전적으로 설정할 수 있다고 믿는 사람도 있다. 그리고 인간의 삶은 전적으로 유전과 같은 외적 힘에 의해 결정된다고 믿는 사람도 있다.

두 관점 모두가 여러 가지 이유로 옳지 않다. 완벽한 '자유 의지'는 존재하지 않는다. 만약 존재한다면 나는 내 의지로 날아다니거나 키를 3미터로 늘릴 수 있어야 한다. 하지만 그것은 불가능하지 않은가. 내 행동을 제한하는 중력과 같은 외적 변인이 존재하는 까닭이다.

또한 우리 행동이 상황에 의해 결정되기는 하지만 그 상황 안에는 다양한 가능성도 분명히 존재한다. 자신의 생명이 위태로울 수 있는데도 타인을 돕는 이타적 행동을 하는 사람들을 생각해보라. 우리는 이해관계가 클 때, 혹은 강한 확신이나 바람이 생길 때 자신의 습관이나 조건에 반하는 행동을 선택할 수 있다. 그리고 주변 환경을 재구성함으로써 삶의 방향을 바꾸는 선택을 할 수도 있다. 다만 선택 가능한 경우의 수는 상황에 의해 제한된다.

우리는 완벽한 자유 의지를 가지고 있거나 온전히 결정론의 지배를 받는 존재라기보다 상황적 행위 주체다. 좀 더 직접적으로 말하면 상황이 우리의 행동 가능성을 제한한다.

"우리는 물리적 세계에서 물리적 신체를 갖고 있다. 그리고 특정 문화와 지리적 위치와 시대에 특정 부모가 있는 가정에서 살고 있다. 그 상황들에서 자유로운 것도, 상황이 우리의 행동을 결정짓는 것도 아니지만 상황은 분명 우리의 선택을 제한한다." 사회심리학자인 제프리 레버Jeffrey Reber의 설명이다.

사실 우리는 결코 상황에서 자유롭지 않다. 당신은 중력에서 자유로운가? 물론 그렇지 못하다. 공기는 어떤가? 당신은 공기에서 자유로운가? 페루 고산지대의 사람들은 희박한 공기 속에서 생활하는 탓에 세계 대부분 지역의 사람들보다 키가 작다. 이처럼 열악한 대기 환경에 적응할 방법을 선택하는 것은 사람들이다. 당신은 태어나서 생활하고 있는 문화적 배경과 무관한가? 당신이 사용하는 언어와 무관한가?

혹시 이런 질문이 지나치게 비관적이거나 제한적으로 들리는가? 아니다. 이는 매우 현실적인 질문이다. 특히 세계화로 인해서 우리의 상호의존성은 그 어느 때보다 커졌다. 이 책의 원고를 쓰고 있는 노트북은 내가 만든 것이 아니며, 내게는 그것을 만들 지식이나 기술이 없다. 내가 앉아 있는 의자와 탁자는 코스트코에서 사온 것들이다. 둘 중 어느 것도 내 손으로 만들지 않았고 만들 마음도 없었다. 상점에서 구입해 내 몸을 채운 식품들 역시 다른 이들의 수많은 노고와 여러 단계의 유통 과정을 거친 것들이다. 나는 환경에 의존하고 있으며 여러모로 환경에 의해 규정된다.

다행스럽게도 우리에게는 환경을 지배하는 힘이 있다. 환경을 변화시킬 능력이 없다면 우리는 변화할 수 없을 것이다. 환경을 바꾸면 나도 바뀐다. 하버드대학의 심리학자인 엘런 랭어Ellen Langer 는 이렇게 이야기한다.

"사회심리학자들은 한 시점에서 우리가 어떤 사람인지는 대체로 우리가 처한 상황에 달려 있다고 주장한다. 하지만 상황은 누가 만드는가? 우리는 의도적으로 우리가 속한 상황을 조성할 수 있으며 … 변화의 가능성을 믿는다."

그러므로 자유 의지냐 결정론이냐 둘 중 하나를 선택할 수 있는 문제가 아니다. 개인의 선택 또는 환경 중 어느 하나가 아니다. 그보다는 선택 그리고 환경의 문제다. 더 정확히 말하면 '환경의 선택'이다. 당신은 궁극적으로 미래의 자기 모습과 운명을 정할 환경을 선택하고 조성할 책임이 있다. 환경 설계는 당신에게 주어진 가장 중대한 책임이다. 진정한 의미의 자유 의지는 환경의 선택과 조성을 그 핵심으로 한다. 당신이 선택한 환경과 외부 영향이 앞으로의 당신 모습에 직접 반영될 것이기 때문이다.

마음과 환경은
서로 영향을 주고받는다

오랫동안 심리학자들은 정신과 신체 사이에는 일방적인 관계가 존재한다고 믿었다. 즉, 정신이 가는 대로 신체가 따라간다고 생각했다. 그러나 최근의 연구는 정신과 신체가 쌍방향적 관계라는 것을 보여준다. 그렇다. 정신이 신체에 영향을 미칠 수 있듯이 신체 또한 정신에 영향을 미친다.

댄 애리얼리Dan Ariely 가 《거짓말하는 착한 사람들》The Honest Truth About Dishonesty에서 설명한 '자기신호화'self-signaling 라는 개념을 생각해보자. 자기신호화는 인간이 스스로를 잘 안다고 생각하지만 실은 그렇지 못하다는 견해에서 나온 개념이다. 사실 우리는 자신 그리고 자기 성격을 판단할 때 남들이 우리를 판단하는 방식을 그대로 사용한다. 애리얼리 역시 "우리는 자신의 행동을 통해 우리가 누구이며 어떤 사람인지 추론한다."고 밝혔다.

사람들의 행동은 성격에서 나오지 않는다. 오히려 성격이 행동에 의해 형성된다. 사람들은 특정 방식으로 행동하고, 그 행동에 기초해 스스로를 판단한다. 그러므로 행동을 바꾸면 자신의 정체성을 바꿀 수 있다.

어떤 행동이 자신의 심리에 영향을 수는지 알고서 의도적으로 그렇게 행동하는 것은 심리학자들이 말하는 '사전 인지'precognition 에 해당

한다. 의도된 행동으로 특정한 인지적·정서적 상태가 되도록 유도하기 때문이다. 다시 말해서 특정 행동을 활용하여 자신의 내적 경험을 의도적으로 촉발하고, 조작하고, 예측하는 것이다. 예를 들어 몇 초간 박수를 치고 잠시 달리기를 한 뒤에 차가운 물로 샤워를 하라. 어떤 일이든 동기부여가 될 것이다. 데이트를 청하라. 결과에 상관없이 스스로에 대해 모험을 마다하지 않는 사람으로 생각할 것이다. 그리고 이런 심리 변화는 당신에게 변화를 가져온다.

신체와 정신 간에 쌍방향적 관계가 존재하듯이 당신과 환경의 관계 또한 마찬가지다. 하나를 바꾸면 다른 하나가 변화한다. 환경은 당신의 정신과 신체 상태에 영향을 끼치는 주요인이다. 따라서 당신은 특정 환경 속에서, 특정 사람의 주위에서 스스로 어떤 느낌을 갖게 될지 예측할 수 있다.

나는 새롭고 흥미로운 장소에 있거나 멋진 사람들에 둘러싸여 있을 때 영감을 받고 의욕을 느낀다. 종교적인 장소에 있을 때는 사색적이 되고 대체로 겸손해진다. 그렇다면 사전 인지는 현재의 환경적 요인을 계획함으로써 미래의 심리 상태를 만들어내는 것이라 할 수 있다.

성공한 부동산 중개인인 내 친구 네이트는 환경을 약간 바꾸었을 때 삶이 얼마나 달라지는지를 실험했다. 그는 수입이 몇 십만 달러가 넘는다. 하지만 지극히 검소한 사람이어서 1990년대에 출시된 낡아 빠진 토요타 캠리를 오래도록 몰고 다녔다. 차는 잘 굴러갔고 연비도 환상적으로 높았다. 하지만 그 차가 네이트의 예비 고객에게 신뢰감을 주는 환경을 조성하지는 못했다.

그래서 *그*는 비싼 차로 바꾸면 사업에 어떤 영향이 있을지 실험했다. 11만 달러를 들여서 테슬라를 구입하고 치장했다. 거금을 투자한 지 한 달 만에 그는 네 가지 흥미로운 경험을 했다.

1. 테슬라를 구입했다는 소식과 구입 이유를 올리자 그의 온라인 플랫폼 이용자와 인지도가 급증했다. 부동산 업계와 그의 네트워크에 있던 2,000명 이상의 사람들에게서 친구 맺기 요청을 받았다.

2. 그가 쓴 부동산 관련 교재의 판매가 네 배로 증가했다. 교재 판매 수입의 증가로 차를 구매한 지 단 2개월 만에 차 값을 전액 회수할 수 있었다. 그의 환경은 즉각적으로 그에게 권위를 부여해주었다. 심리학 연구에 의하면 권위는 주요한 설득 요인이 된다.

3. 새로운 차를 구입한 이후 몇몇 부동산 업계 거물들과 부동산 교재 마케터들이 그와의 미팅을 원했다. 이제 그가 '믿을 만한' 사람으로 여겨진 것이다. 네이트는 그의 롤모델이 주최하는 비공개 행사에도 초대받았다.

4. 네이트 자신의 심리도 변했다. 멋진 차를 타고 다니면서 그는 기분이 매우 좋았다. 자신감도 하늘로 치솟았다.

좀 더 비싼 차를 구입하는 간단한 일이었지만 환경 변화는 네이트를 변화시켰다. 그 일은 성공적인 부동산 전문가가 되겠다는 꿈을 향해 그가 더욱 매진하게 만드는 귀환불능지점point of no return(남은 연료로 회항이 불가능한 지점을 일컫는 항공 용어에서 유래한 말이다. 물리적으로 예전으로 되돌아가기가 불가능해진 지점을 일컫는다.—옮긴이)이 되었다. 그는 의식적으로 환경 조성이 바로바로 자기 충족적 예언self-fulfilling prophecy으로 작용하도록 했다. 그가 만들었던 환경이 이제는 그를 만들고 있다.

네이트가 빠르게 변신할 수 있었던 비결은 사전 인지 덕분이었다. 차를 구입하는 일이 정확히 어떤 효과가 있을지 알지 못했지만 그는 새로운 환경이 자신을 내적으로 변화시키리라고 예상했다. 그리고 예상은 적중했다. 단기간에 네이트의 정체성과 성격이 바뀌었다. 그는 지역 우수 세일즈맨 중 하나였다가 테슬라를 구매하자마자 지역 최고의 세일즈맨으로 급부상했다.

물론 모든 사람이 테슬라를 살 수 있는 형편은 아니다. 하지만 그가 자동차를 바꿔 삶에 변화를 가져온 이 방식은 다른 이들에게도 얼마든지 적용 가능하다. 예를 들어 단지 옷만 바꿔 입어도 기분이 달라질 수 있다. 자신감을 높이고 싶으면 좋은 옷을 입는 것도 하나의 방법이다. 향수를 뿌리거나 머리 모양을 바꿔보라. 외부 환경의 작은 변화가 엄청난 내적 변화를 가져오는 영향력을 발휘한다. 그러면 그 내적 변화를 활용해 외부 환경을 더욱 개선할 수 있다. 이렇게 개인의 발전은 선순환하며 상승세를 타게 된다.

당신은
누구와 만나고 있는가

찰스 다윈Charles Darwin은 "모든 종은 자연 환경에서도 사육 환경에서도 다양화되는 경향을 갖고 태어난다."고 지적하면서 진화가 자연적으로 또는 사육과 재배에 의해 발생한다고 주장했다. 자연 진화는 한 생물 종이 환경의 변화에 대응하면서 일어나는데, 모든 환경 변화가 종의 변화를 가져온다. 그리고 가장 잘 적응한 개체가 살아남는다. 자연 진화는 미리 계획된 것이 아니므로 대부분 예측할 수 없다.

반면에 인위적 진화는 '인위적으로 선택된' 특정 형질이 발현되도록 환경 요인을 의도적으로 구성할 때 발생한다. 사전 인지처럼 환경에 의해 형성된다는 점에서 사전 생물학이라고 할 수 있다. 사람들은 속도, 아름다움, 크기 면에서 특정 형질을 가진 동물들을 교배한다. 그렇기 때문에 사람이 필요에 의해 기르는 가축과 식물은 일반적으로 자연에서 자라는 동식물보다 훨씬 크다.

사람들은 대부분 자연 속 동식물이 진화하는 방식대로 진화한다. 즉 임의적·무계획적·무의식적인 방식이다. 어떤 환경이 닥치든 거기에 반응한다. '목표를 염두에 두고' 방향을 정해 노력하지 않는다. 그러나 동물과 인간의 진화 방식에는 중대한 차이가 있다. 동물이 환경의 직접적 산물인 반면에 인간은 환경의 간접적 산물이라는 점이다. 환경을 매개로 모든 변화가 일어나기는 하지만 인간은 원한다면 자신이 속할 환경을 사전에 선택할 수 있다.

한 가지는 확실하다. 당신은 지금 이 순간에도 진화하고 있다. 변화는 불가피하다. 그와 반대로 성장은 선택 사항이며 상당히 드물게 일어난다. 환경에 주의를 기울이지 않는다면 부지불식간에 자신이 전혀 원치 않았던 존재가 될 수도 있다. 때로는 무심함이 악몽 같은 결과를 가져올 수 있다. 나는 그런 경우를 너무나 자주 봤다. 사람들은 '인생의 변화' 또는 '거창한 목표'를 달성하기 원한다고 말하면서도 계속해서 예전의 나쁜 습관에 빠져 있거나 인생을 낭비하는 친구들과 시간을 보낸다.

맷이라는 고등학교 동창만 생각하면 마음이 아프다. 몇 년 전만 해도 그는 아름다운 결혼생활을 하며 안정된 직장에 다니고 있었다. 하지만 최근에 결혼생활과 직장생활을 전부 망치고 말았다. 에릭이라는 친구가 은연중에 미치는 영향을 깨닫지 못했던 탓이다. 맷이 매일매일 자신을 바라볼 때는 내면의 변화가 지극히 사소해 보였을 것이다.

맷은 1주일에 몇 번씩이나 에릭과 어울렸다. 그들은 비디오 게임을 하고, 영화를 보고, 정크푸드를 먹었다. 맷은 그 시간이 축적되면서 서서히 에릭의 환경을 받아들이고 있다는 사실을 인지하지 못했다. 에릭은 친절한 사람이었지만 삶에 대해 매우 냉소적이고 부정적이었다. 그는 여가 시간에 비디오 게임만 했고, 내심 자신을 혐오하면서 노상 거들먹거리고 남들을 깎아내리는 데 여념이 없었다.

그 무렵 나는 일을 하면서 대학에 다니느라 바빴다. 그래도 1년에 한두 번은 맷과 에릭, 두 사람과 어울렸다. 그때마다 사소하지만 달라진 맷의 모습이 눈에 들어왔다. 그는 예전보다 냉소적이고 비관적인 모습을 보여주었다. 아내에 대한 불평불만을 늘어놓았고, 욕설과 비속어도 곧잘 사용했다. 예전에는 전혀 하지 않던 행동들이었다.

그뿐 아니다. 아내와 자녀도 볼 수 있는 스마트폰 바탕화면에 외설적인 사진을 깔아놓았다. 맷의 아내가 그의 이런 행동을 용인했다는 사실도 놀라웠다. 아마도 그녀 역시 자기 외부에서 일어나는 변화에 둔감해서 그것이 미치는 영향력을 의식하지 못했을 것이다.

이런 변화들이 급작스럽게 나타나지는 않았다. 사실 그는 5년이라는 세월 동안 서서히 나빠지고 있었다. 하지만 알아차리기 힘든 일은 아니었다. 특히 가끔씩 맷을 만났던 내게는 그의 변화가 명확히 보였다. 나는 그가 계속 에릭과 어울린다면 결국에는 아내와 헤어지거나 인생을 망칠 거라고 예상할 수 있었다. 내가 보기에는 불가피한 일이었다.

맷의 의지로 택한 환경은 좋은 남편과 아버지가 되기 위한 것과는 거리가 있었다. 그 결과 나의 예상은 현실이 되었다. 슬프기는 했지만 놀라운 일은 아니었다.

당신의 인생이 어디로 가고 있는지 예상하기는 쉽다. 당신의 환경은 당신에게, 또 다른 사람에게 당신을 드러내 보인다. 내적 정체성을 알려주는 가장 분명한 지표는 아마도 당신의 외부 환경일 것이다. 특정 환경에서 편안하다면 그 사실이 당신에 대해 무엇을 말해주겠는가?

맷은 지난 몇 년 동안의 변화에 대해 전적으로 본인의 의식적 선택이었다고 이야기했다. 아마도 자신이 인생의 주인이라고 느끼고 싶었기 때문에 이렇게 말한 건지도 모른다. 하지만 5년 전에 그에게 이혼하고 실업자로 살기를 원하는지 물었다면 '절대로 싫다'고 대답했을 것이다.

맷은 자신에게 일어난 변화를 의도하거나 계획하지 않았다. 에릭이 조금씩 은밀하게 그의 가치 체계와 마음을 잠식하고 있다는 사실을 깨닫지 못했을 뿐이다. 맷은 패배자를 곁에 두었고 그로 인해 자신마저도 패배자가 되었다.

"절름발이와 생활하면 절뚝거리는 걸음을 배우게 될 것이다." 스토아학파의 철학자 플루타르크의 말이다.

+ Special Point +

영화 〈라이온 킹〉The Lion King에서 심바는 아버지가 살해되는 충격적인 일을 겪었다. 고향을 떠난 심바는 태평하게 살아가는 떠돌이 티몬과 품바를 만난다. 심바는 처음에는 티몬과 품바가 살아가는 방식에 거부감을 느꼈지만, 그들과 함께 다니게 되면서 곧 그들의 방식에 적응했다. 심바는 그렇게 계속 평범한 인생을 살아갈 수도 있었다. 하지만 고향의 비참한 상황을 알았기에 그런 현실에 머무를 수 없었다.

심바가 보다 강한 지도자의 역할을 맡으려면 과거와 직면하고 수년간 억눌러왔던 감정을 극복해야만 했다. 심바는 어른이 되어야 하는 순간을 맞았고, 자신이 되어야만 하는 존재가 되었다. 그는 자신의 가치와 기대에 못 미치는 삶을 살지 않기로 했다. 스스로를 속이는 일도 그만뒀다. 주위에서 자신을 어떻게 생각하는지에 대해서도 더는 걱정하지 않았다. 대신 자기 행동의 결과를 직시했다. 자신의 신념을 위해서라면 기꺼이 죽을 수도 있었다.

진실을 회피하는 일이 너무나 고통스러웠던 심바는 진실을 향해 달려갔고 마침내 자신의 정통성과 권력을 획득했다. 그러자 상황이 요구하는 역할을 감당할 수 있었다. 그는 자신이 속해 있던 환경을 바꿈으로써 모든 것을 안정된 상태로 만들었다.

당신도 이와 유사하게 어른이 되는 극적인 순간을 맞이해야 한다. 그 순간이 지나면 혼란과 모호함은 대부분 해소된다. 더 이상 상황이 요구하는 것에서 달아나지 않고, 실수로 자신과 주변 사람들이 불필요한 고통을 받도록 내버려두지도 않게 된다. 자신과 다른 사람들에게 솔직해짐으로써 초래될 결과나 위험에 대해서 더 이상 걱정하지 않으며, 거짓된 삶을 살 마음이 없으므로 자신의 확신과 환경의 부조화를 더는 용인하지 않을 것이다.

가장 중요한 일은 당신이 어떤 사람이 되고 싶은지에 대해 솔직하게 말하는 것이다. 다른 사람들의 의견은 상관없다. 상황의 불확실성도 상관없다. 당신이 직면해야만 하는 힘든 감정도 더 이상 핑계가 될 수 없다. 자신에게 해로운 사람들과의 관계를 더 이상 유지해서는 안 된다. 그들이 당신의 상황과 당신이 해야 하는 일을 존중하게 하든지, 아니면 당신이 그들을 떠나든지 선택해야 한다. 다른 선택지는 없다. 이제 예전으로 돌아갈 수는 없다.

당신은 기꺼이 두려움 그리고 내적 괴로움과 정면으로 맞설 수 있다. 그리고 게으름, 낭비, 나쁜 습관과 중독, 순간적인 만족, 주의 산만을 기꺼이 포기할 수 있다. 자신에게 요구되는 책임을 흔쾌히 받아들이고, 당신이 되어야만 하는 사람이 될 수 있다. 당신과 사랑하는 사람들의 발전을 위해 기꺼이 환경을 바꿀 수 있다.

이제 당신이 될 수 있다고 생각하는 사람이 될 때다. 가치 없고 시시한 삶은 잊어버리자. 세상은 당신이 변하기를 원한다.

2

환경이 어떻게
당신을 만들고 있는가

환경은 악한 자를 지배하지만
현명한 사람에게는 목적을 달성하는 수단이 된다.
__ 프랜시스 베이컨

20세기 내내 과학자들은 인간의 행동을 바꾸고 싶다면 목표와 사고 방식을 바꾸는 것이 가장 효과적이라고 믿었다. 서던캘리포니아대학의 심리학과 교수인 웬디 우드Wendy Wood 박사 역시 "태도가 변하면 행동은 저절로 변할 거라는 가정하에 어떻게 사람들의 태도를 변화시킬지를 이해하는 데 연구가 집중되어왔다."고 말했다. 그리고 사람들의 태도와 목표 설정을 개선시킬 방법에 관한 학문적 연구와 캠페인 그리고 수많은 자기계발서가 괴할 정도로 쏟아졌다.

그 결과는 어땠을까? 그 모든 것이 대부분의 사람에게 아무 도움도 되지 못했다.

듀크대학의 심리학자 데이비드 닐David Neal 박사는 목표를 정하고 태도에 집중하는 방법은 몇몇 행동에만 효과가 있다고 주장한다. 예컨대 연설처럼 평소에 거의 하지 않는 행동에만 효과가 있다는 것이다. 목표 설정을 바탕으로 한 정신 기법과 전략들이 대개 성공하지 못하는 이유는 거의 모든 행동이 환경에 의해 정해지기 때문이다. 또한 같은 장소에서 여러 번 행동을 반복해야만 그것이 잠재의식으로 들어가기 때문이다.

자동차 운전을 처음 배울 때는 행동 하나하나에 의식적으로 상당한 주의를 기울여야 한다. 가속 페달을 얼마나 강하게 또는 부드럽게 밟아야 하는지 등과 같은 세세한 부분까지 전부 생각해야 한다. 하지만 충분히 반복 연습한 후에는 잠재의식에 의해 행동이 나오는 단계에 이른다. 심리학자들은 이를 '자동화'automaticity라고 부른다.

자동화는 우리 삶에 꼭 필요한 것이지만 문제점도 있다. 사람들에게는 자신이 원하는 목표와 상반되는 환경에 자신의 행동이 자동화되도록 내버려두는 경향이 있다. 새해 결심이 흐지부지되고 목표 설정이 좀처럼 효과가 없는 이유도 이 때문이다. 어떤 사람은 담배를 끊고 싶지만 예기치 않은 순간 담배를 피우도록 환경이 자극한다. 의지력을 발휘하지만 의지력이 바닥나면서 실패자 같은 느낌만 남는다.

반대로 목표에 상응하는 환경에 행동이 자동화되도록 한다면 잠재의식이 저절로 당신이 원하는 행동을 하게 만든다. 자동화가 유리하게 진행되는 것이다. 그러면 작업기억working memory에 여유가 생겨 다른 과업을 도모하고 계획할 수가 있다.

더 이상 자신이 처한 상황에 집중하지 않아도 된다. 더 이상 현상 유지를 위해 애쓰지 않아도 된다는 말이다. 환경이 당신을 성공으로 이끄는 행동을, 마음의 평화를 유지해주는 행동을 저절로 하게 해주기 때문이다. 이제 하루하루 급급하게 살아가는 대신 훨씬 크고 높은 목표를 세우고 실행할 수 있다.

성공의 필수 요인으로 '의지력'이 집중조명된 것은 놀라운 일이 아니다. 부정적인 환경에서는 의지력이 우리에게 남은 전부이기 때문이다. 의지력은 구명보트이며 예비 낙하산이다. 우리는 목숨을 지키기 위해 의지력에 매달린다. 부정적인 환경에서 긍정적인 마음을 유지하려면 굳은 의지력이 필요하다. 주변 사람들이 정크푸드를 먹을 때 계속 거절하기는 어렵다. 주방에 쟁여둔 정크푸드 때문에 집에서 의지력을 발휘해야 하는 경우는 더욱 괴롭다. 이는 엄청난 정신적·정서적 자원의 낭비다.

유명한 자기계발서 저자들은 환경을 바꾸라는 말 대신에 스스로 변해야 한다는 조언을 멈추지 않는다. 이 얼마나 끔찍한 조언인가! 여기에서는 여러 과학적 근거와 역사적 사실을 들어 환경을 바꾸지 않고는 당신이 변하는 일이 사실상 불가능하다는 것을 보여줄 것이다. 환경과 당신은 결코 분리할 수 없는 하나이기 때문이다.

가능성은
환경에 따라 달라진다

재신 로니 Jasyn Roney 는 2014년 모터사이클을 타고 백플립(뒤로 공중 돌기)을 성공시킨 최연소 선수다. 당시 그는 겨우 열 살이었다. 하지만 열 살짜리가 모터사이클 백플립 묘기를 성공시킨 일보다 더 놀라운 일은 1990년대 후반까지만 해도 백플립이 비디오 게임에나 나오는 묘기이지 현실에서는 불가능하다고 여겨졌다는 사실이다. 하지만 로니에게 백플립은 모터크로스(모터사이클을 타고 하는 크로스컨트리 경주— 옮긴이)를 즐기는 사람이라면 으레 하는 일이었다. 그는 모두가 백플립을 하는 문화 속에서 자랐다. 그에게 그것은 평범한 일이었다.

백플립이 현실이 된 것은 모터사이클을 타고 비탈을 달려와 뒤로 공중돌기를 해서 물속으로 뛰어드는 모습을 찍은 영상이 들불처럼 퍼졌던 1998년부터였다. 아무도 할 수 없다고 여겼던 놀라운 묘기가 갑자기 가능해 보이기 시작했다. 2002년 케일럽 와이엇 Caleb Wyatt 은 모터사이클로 백플립을 해서 땅에 착지하는 데 성공한 최초의 인물이 됐다. 그의 성공으로 모터크로스 라이더들은 도전할 수 있는 묘기가 하나 더 늘었다. 2006년 트래비스 패스트라나 Travis Pastrana 가 최초로 백플립 2회전에 성공했고, 2015년에는 조시 시핸 Josh Sheehan 이 백플립 3회전에 성공했다. 진화는 계속되고 있다.

1990년대의 모터크로스 라이더들도 틀림없이 의지력과 열정, 긍정적 태도를 갖고 있었을 것이다. 단지 물리적으로 불가능한 일이라는 생각이 문제였다. 그런 생각 때문에 의지력이 아무리 강해도 백플립 3회전은커녕 1회전도 할 수 없었다. 열 살인 로니와 1990년대의 재능 있고 대담한 모터크로스 라이더들 간의 차이는 의지력이나 능력이 아니라 당시의 상황이었다.

로니가 태어났을 때 백플립은 흔한 묘기였다. 그런 환경에서 성장하고 훈련받은 로니는 백플립이 불가능하다는 생각을 한 번도 해보지 않았다. 그저 "어떻게 하면 나도 그 묘기를 배울 수 있지?"라고 생각했을 뿐이었다.

그리고 결국 해냈다.

환경에 순응하거나
끊임없이 맞서거나

모든 환경에는 규칙이 있다. 규칙들은 그 환경에 속한 사람들의 행동을 제한한다. 규칙을 지키거나 위반할 때 나타나는 결과들 때문이다. 예를 들어 흡연을 허용하는 환경이 있는가 하면 흡연을 금지하는 환경도 있다. 큰 소리로 악을 쓰는 행동은 록 콘서트에서는 괜찮지만 비행기 안에서는 곤란하다. 실내에서 신발을 신어도 되는 집이 있는가 하면 안 되는 집도 있다. 어떤 곳에서는 좌측 주행이 옳은 반면에 어떤 곳에서는 우측 주행이 옳다. 모든 스포츠에는 규칙이 있으며, 그 규칙들은 종종 바뀐다.

명시적이든 암묵적이든 모든 환경에는 규칙이 존재히며, 규칙은 그 환경 안에 있는 사람들의 행동과 태도를 형성한다. 또래집단에는 구성원들이 어떻게 사고하고, 행동하고, 처신해야 하는지 정해주는 규범이 있다. 한 집단의 규칙을 파악하는 일은 생각보다 어렵지 않다. 구성원들이 무슨 말을 하고, 어떻게 행동하고, 서로 어떻게 관계를 맺는지 관찰하면 된다. 그러면 그 집단의 규칙이 자신의 개인적 규칙과 일치하는지 혹은 상충하는지 바로 알 수 있다.

사회규범은 당신의 내면에 자리한 이데올로기나 욕구보다 당신의 행동을 통제하는 힘이 강하다. 사람들은 건강을 위해 좋은 음식을 가려 먹어야 한다고 믿는다. 하지만 주변에는 건강에 해로운 식품의 구매를 부추기는 광고들이 넘쳐난다. 그뿐인가. 사람들은 부유해지기를 원하지만 소비지상주의와 불건전한 지출 습관을 조장하는 환경에서 생활한다.

그런 환경들 때문에 마음속 깊이 자리 잡은 가치관과 신념을 반영하는 삶을 살지 못한다. 그보다는 그들을 둘러싸고 있는 사회규범에 적응하며 살아간다. 당신이 개인적인 규칙과 부딪히는 환경 안에 계속 머문다면 선택지는 두 가지뿐이다. 나쁜 환경에 순응하거나 의지를 갖고 환경에 끊임없이 맞서는 것이다. 하지만 두 가지 선택 모두 결국에는 같은 결과를 가져온다.

모든 환경은
상한선을 정해준다

벼룩을 훈련시키는 법을 알고 있는가? 몇 마리의 벼룩을 병 안에 넣는다. 뚜껑을 닫지 않은 병이라면 벼룩은 원하는 대로 쉽게 병 밖으로 튀어나올 수 있다. 하지만 뚜껑을 닫으면 환경의 규칙이 바뀐다. 이제 너무 높이 뛰어오르면 뚜껑에 부딪히게 되는데, 벼룩에게는 그리 유쾌하지 않은 경험이다. 그 결과 벼룩들은 너무 높이 뛰어오르지 않도록 새로운 규칙에 적응한다. 그렇게 3일이 지나면 벼룩들은 뚜껑을 열어두어도 병 밖으로 튀어나오지 않는다. 벼룩들이 집단의식 속에 정신적 장벽을 형성했기 때문이다.

병 안에 갇혔던 벼룩들의 새로운 규칙과 사회 문화는 당연히 다음 세대의 벼룩에게도 영향을 미친다. 마찬가지로 주변 사람들의 기대는 당신의 개인적 규칙과 기대치를 규정한다. 심리학자들은 이를 피그말리온 효과Pygmalion effect라고 부른다.

계속해서 부모 세대 가까이에 머문다면 다음 세대의 벼룩들은 자신들의 환경을 뛰어넘을 수 없다. 하지만 병에 있던 벼룩 중 한 마리를 좀 더 큰 병에 넣고 자신보다 훨씬 높이 뛰어오르는 벼룩들에 둘러싸이게 하면 그 벼룩은 새로운 환경에 적응한다. 그 벼룩의 행동을 제한했던 예전 규칙이 새로운 규칙으로 대체되기 때문이나. 새로운 규칙은 벼룩의 정신 모형mental model 뿐 아니라 유전자 구성까지 변화시킨다.

벼룩 이야기는 생물학과 유전학에 대한 기존의 이해와는 상반되지만 후성유전학Epigenetics의 입장에서는 쉽게 이해된다. 유명한 생물학자인 브루스 립턴Bruce Lipton 박사는 "우리는 돌연변이 유전자가 암을 유발한다고 생각해왔지만 후성유전학의 등장으로 그 견해가 전부 바뀌었다."고 주장한다. 그는 왜 한 사람의 유전자가, 그가 어떤 사람이 될지를 결정짓는 유일한 원인이 아닌지 설명한다.

"나는 줄기세포 하나를 배양접시에 올려놓았고, 그것은 열 시간마다 세포분열을 했다. 2주 후에 배양접시에는 수천 개의 세포가 생겨났는데, 동일한 친세포parent cell에서 분열된 것이므로 전부 유전적으로 동일한 세포들이었다. 세포들을 나누어서 세 개의 배양접시에 옮겨 담았다. … 그다음에는 세포의 환경이라고 할 수 있는 배지를 배양접시마다 달리했다."

그 뒤로 대단히 흥미로운 일이 발생했다. 단지 환경만 바꿔주었는데 유전적으로 동일한 세포들에서 다른 표현형이 나타났다. "첫 번째 배양접시의 세포는 뼈가 되었고, 두 번째 접시의 세포는 근육이, 마지막 접시의 세포는 지방 세포가 되었다. 모든 세포가 정확히 같은 유전자를 갖고 있었으므로, 이는 유전자가 세포의 운명을 결정짓지 않는다는 증거였다. 세포의 운명을 결정지은 것은 유전자 패턴이 아니라 환경이었다. 그러므로 건강한 환경 속의 세포는 건강하다. 건강에 해로운 환경에 놓인 세포는 병이 든다."

간단히 말해서 후성유전학은 어떤 사람이 되는가는 어떤 유전자를 갖고 있는가보다 어떤 유전자가 발현되는가에 의해 좌우된다는 것을 보여준다.

유전자의 발현은 주로 환경의 신호와 선택을 바탕으로 이뤄진다. 인간의 생명 활동은 정해져 있지 않고 대단히 유동적이며 융통성이 있다. 얼마든지 변화의 가능성이 있다는 것, 이것은 우리에게 힘을 북돋아주는 메시지다.

우리의 가치는
상대적이다

어떤 환경에서 당신은 작은 연못의 큰 물고기다. 하지만 또 다른 환경에서는 큰 연못의 작은 물고기가 될 수도 있다. 환경을 바꾸는 것이 당신을 바꾸는 것이다.

오스틴이라는 17세 소년은 어릴 적 부모가 이혼한 뒤로 주로 어머니와 생활한다. 그는 한 달에 두 번씩 아버지와 주말을 보낸다. 본인은 의식하지 못하지만, 오스틴은 아버지와 있을 때 지금보다 한참 어릴 때의 정서 상태로 돌아간다. 어머니는 그가 아버지와 있을 때 대여섯 살짜리 아이처럼 군다고 이야기했다. 그가 유치하고, 미성숙하고, 통제할 수 없는 아이가 된다는 것이다.

그의 아버지가 제공하는 환경의 규칙은 어머니가 제공하는 그것과 크게 달랐다. 그의 역할도 누구와 있느냐에 따라 달라졌다. 흥미롭게도 오스틴은 아버지의 집에서 주말을 보내고 난 뒤 어머니 집으로 돌아오면 자신을 그 환경으로 복귀시켜주는 절차를 만들었다. 그는 집에 도착하면 거의 곧바로 30분 정도 피아노를 친다. 이를 통해 아버지 집의 환경에서 어머니 집의 환경으로 옮겨오는 정서적인 전환을 수행한다(사전 인지 작용). 피아노 연주는 그가 평소의 역할로 되돌아오게 해주는 자극제다.

오스틴과 유사하게 화요일에 카페에 앉아 있던 당신은 수요일에 거리를 달리던 당신과 동일하지 않다. 어떤 사람 옆에서는 세상을 다 얻은 듯한 기분이 되고, 어떤 사람 옆에서는 생각조차 제대로 할 수 없는 긴장감에 휩싸인다. 당신은 절대적인 가치관과 변함없는 정체성을 갖고 있는 것이 아니다. 당신의 가치와 능력은 고정돼 있지 않고 체스보드 위의 말처럼 상대적이다. 사물 자체가 아니라 사물들 간의 관계, 즉 상황이 실재다.

당신이 어떤 사람과 가까이 지내면 세상을 변화시킬 훌륭한 일을 할 수도 있다. 하지만 어떤 사람들 사이에서는 영감도 얻지 못하고 마음속 깊이 간직한 꿈들을 이루지 못할 수도 있다. 그럼에도 자신이 인생에서 무엇을 놓치고 있는지 결코 깨닫지 못할 것이다.

체스 신동이었던 조시 웨이츠킨Josh Waitzkin은《배움의 기술 : 내 실력을 200퍼센트 끌어올리는 힘》The Art of Learning : A Journey in the Pursuit of Excellence에서 이런 현실을 체스 경기와 결부시켜 설명한다.

"중급 선수들은 게임을 하면서 비숍의 영향력이 중앙에 포진한 폰의 구조에 따라 어떻게 다른지 암기한 내용들을 떠올릴 것이다. 하지만 그보다 약간 상급인 선수는 체스보드를 쓱 훑어보고 비숍과 결정적인 폰의 구성을 한눈에 파악한다. 폰의 구성과 비숍은 하나다. 어느 하나도 그 관계에서 벗어나 고유의 가치를 갖지 않는다. 선수들의 마음속에서 그 둘은 하나로 묶여 있다. 이러한 지식의 새로운 통합은 독특한 효과를 낳는다.

선수들은 각 말의 가치에 대해 처음에 배운 원칙이 절대적인 것이 아니라는 사실을 깨닫게 된다. 각 말의 절대적인 독자성은 점차 없어진다. 룩과 나이트를 움직일 때보다 룩과 비숍을 함께 움직일 때 효과가 크다는 것을 배운다. 퀸과 나이트는 대개 퀸과 비숍보다 유리하다. 폰의 구조나 주변 말들과 같은 변인에 따라서 각 말의 위력은 순전히 상대적이다. 따라서 나이트를 볼 때 몇 칸 밖에 있는 비숍과의 맥락 속에서 가능성을 예측한다."

웨이츠킨이 체스 경기로 설명한 내용을 나는 현실에서 더욱 확실하게 보았고 경험했다. 사람의 가치는 상황에 따라 달라지며 상대적이다. 게다가 형태를 바꿀 수 없는 체스의 말과 달리 사람은 변신의 가능성을 갖고 있다. 사람은 폰에서 비숍이나 킹으로, 또는 완전히 다른 존재로 바뀔 수 있다.

나는 대학에 다니는 동안 몇몇 교수의 연구조교로 일했다. 열심히 일했고 연구 내용도 잘 알고 있었으므로 스스로 꽤 능력 있는 조교라고 생각했다. 당연히 학계에서의 내 미래가 꽤 밝다고 확신했다. 2년이 넘게 연구조교로 일한 후 나는 대학원에 지원했다. 그리고 다니고 싶었던 모든 학교들로부터 입학을 거절당했다. 나 자신에 대해 스스로 생각해왔던 것만큼의 경쟁력이 없는 게 분명했다.

대학원 진학 실패로 초라함을 느끼고 몇 개월 후, 나는 다른 과의 젊은 교수였던 네이트 램버트Nate Lambert 박사를 만났다. 그의 연구실에는 다른 점이 있었다. 그의 연구조교들은 모두 논문을 작성하고 있던 것이다. 그들은 책임이 큰 일을 하면서 학문적 훈련을 받았다. 나는 램버트 교수의 연구실에서 일한다면 이전의 연구실에서 일할 때와는 매우 다른 결과를 얻으리라는 것을 알 수 있었다. "쉬운 무리에 합류하지 말라. 그러면 성장하지 못할 것이다. 성과에 대한 기대와 요구가 높은 곳으로 가라."는 짐 론의 조언을 따를 순간이었다.

램버트 교수의 연구실에 간 첫날 그는 자신이 끝내지 못한 논문 중 하나를 내게 건네며 말했다. "이 녀석을 다듬어서 공동으로 학회지에 투고해보자." 처음 마주한 상황 앞에서 내 의욕은 하늘을 찌를 듯했다. 한 주 동안 나는 머리를 짜내 논문을 다듬었고 램버트 교수에게 돌려줬다. 그는 내가 수정한 원고에 만족감을 표하며 유명한 학회지에 투고했다. 그리고 그 논문은 채택됐다.

나는 혼자 생각했다. '와, 내가 다른 교수들과 2년 넘게 일하는 동안 학회지에 논문을 투고하는 일은 꿈도 꿀 수 없었어. 그런데 램버트 교수를 만나서는 1주일 만에 내 이름이 학회지에 실리다니…'

램버트의 연구실이 내가 속하고 싶은 생산적이고, 도전적이며, 유익한 동반자 관계의 환경임을 깨달았다. 그는 내가 탁월한 성과를 내도록 독려했다. 목표를 향해 발전해가는 내 모습이, 내가 보기에도 좋았다. 램버트 교수와 일하는 동안 나는 기술과 역량, 자신감이 향상되었다.

램버트 교수와의 관계는 매우 생산적이었으며, 그는 내 인생을 변화시켜준 멘토였다. 우리는 좋은 친구를 넘어서서 책임 파트너가 되었다. 1주일에 한 번씩 산책을 하면서 내가 작성 중인 논문에 대해 의논했다. 또 장래의 큰 꿈과 목표들, 애로사항에 대해서도 이야기를 나눴다. 그는 연구와 글쓰기에서 내 문제점들을 해결해주려고 수십 차례 개인지도를 해주었다. 나중에는 여섯 명으로 구성된 연구팀의 관리까지 내게 맡겼다. 그와 내가 만난 뒤 4개월 동안 우리는 15편이 넘는 논문을 학회지에 투고했다. 그렇게 나는 내가 원하는 대학원 어디든 갈 수 있게 됐다.

램버트 교수와 일하면서 얻은 글쓰기와 연구 실력은 다른 교수들과 일할 때는 얻을 수 없었던 것들이다. 나는 내가 무엇을 모르는지 몰랐다. 또한 내 안에 잠재돼 있던 가능성을 인식하지 못했다. 내 정체성과 능력, 기회는 내 상황에 따라 계속해서 변화한다.

당신도 마찬가지다.

당신과 당신의 환경은 밀접한 연관성이 있다. 환경이 달라지면 당신이 어떤 사람이고 무엇을 할 수 있는지도 달라진다. 당신이 맑은 날

밤에 맨눈으로 명왕성을 보겠다며 바깥에 서 있다고 하자. 몇 시간, 몇 주, 몇 년, 심지어 몇 십 년을 그렇게 있어도 명왕성을 볼 수 없을 것이다.

의지력과 긍정적인 마음가짐 그리고 자기계발서가 당신에게 필요하다고 이야기해온 온갖 특성들이 있어도, 그것이 맨눈으로 명왕성을 보게 해주지는 못한다. 하지만 고성능 망원경을 사용한다면 바로 명왕성을 볼 수 있다.

아르키메데스는 "지구를 올려놓을 만큼 긴 지렛대와 지렛목을 내게 달라. 그러면 지구를 들어 보이겠다."고 했다. 그는 그릿과 의지력으로 지구를 들겠다고 말하지 않았다. '도구'라는 환경이 필요하다는 점을 인정했다. 그와 그가 놓인 환경은 밀접한 연관성이 있었다. 또한 아르키메데스는 자신의 목적을 달성하려면 특정한 지렛대가 필요하다는 점을 알고 있었다. 모든 지렛대가 지구를 들어 올리는 데 필요한 힘을 제공할 수 없음을 알았던 것이다.

마찬가지로 열대 식물은 모든 종류의 토양에서 다 잘 자랄 수 없다. 잡초라면 어떤 토양이라도 괜찮을 것이다. 하지만 열대 식물이라면 특별한 종류의 흙이 필요하다. 식물의 성장 욕구나 욕심이 얼마나 강한지 또는 우리가 그 식물을 재배하고 싶은 의욕이 얼마나 강한지는 중요하지 않다. 적합한 토양이 준비되지 않으면 식물은 잘 자랄 수 없다.

많은 사람이 자신의 성격은 이미 정해져 있어서 변하지 않으며 타고난 모습 그대로 죽을 것이라고 믿는다. 자신과 환경이 아무런 관계가 없는 별개의 것이라는 주장을 받아들인 것이다. 이들은 양육보다 본성을 강조하며, 변하는 것들을 찾기보다 변할 수 없는 것들만 응시한다. 자신의 가장 본질적인 부분은 환경에 영향을 받지 않는다는 믿음으로 스스로를 규정한다.

이는 1달러 지폐와 25센트 동전이 객관적으로 영원히 돈이라고 말하는 것과 동일한 논리다. 종이 지폐와 금속 동전이 돈의 실재일까? 아니면 우리가 그것들에 '돈'이라는 '사회적 가치'를 부여한 것일까? 마찬가지로 우리가 객관적인 사실로 믿는 우울, 지능, 아름다움 같은 개념도 사회적으로 의미를 만들어 공유하고 있는 것은 아닐까?

이런 질문을 던져보자.

25센트 동전은 항상 25센트인가?

25센트 동전은 항상 25센트였는가?

아이의 손에 들어간 25센트 동전은 장난감일 수 있다. 다른 나라에서 그 동전은 무가치해 보일 수 있다. 도가니에 들어간 25센트 동전은 녹아서 액체가 될 수 있다. 어디서 누가 그 동전을 쥐고 있는가에 따라 동전은 특정 역할을 수행한다.

마찬가지로 한 개인이 우울하거나 총명하거나 아름다운 것 역시 결코 객관적인 사실이 아니다. 전부 상황에 기초한 주관적인 의미다. 그래서 이런 특성에 지나치게 몰두하면 자신을 그 틀에 가둘 위험이 있다. 주관적이고 유동적인 특성을 객관적이고, 고정적이며, 바꿀 수 없는 특성으로 만들기 때문이다.

스탠퍼드대학의 유명한 심리학자인 캐럴 드웩Carol Dweck은 지능이 변하지 않는다고 믿는 사람들은 학습에 어려움을 겪는다는 사실을 발견했다. 그들은 어떤 형태든 어려움이나 부정적 피드백을 경험하면 정신적으로 무너지고 포기한다. 그와 반대로 지능이 바뀔 수 있다고 믿는 사람들은 변화하고 성장할 가능성이 훨씬 높다. 그들은 경험, 특히 도전적이고 새로운 경험을 통해서 모양이 바뀔 수 있는 점토와 같다.

변할 수 없다는 믿음은 피해의식을 낳는다. 당신이 어떤 사람인지 선천적으로 정해져 있다면 자신의 인생을 위해 할 수 있는 일은 전혀 없다. 그와 반대로 변할 수 있다는 믿음은 스스로 인생에 대해 책임을 지게 한다. 특정 제약을 안고 태어났을지라도 그것을 극복함으로써 발전하고 성장할 수 있게 한다.

동전처럼 당신도 항상 일정한 역할을 수행한다. 그러나 수행하는 역할들이 곧 정체성은 아니다. 그때그때 처한 상황의 규칙에 따라 특정 방식으로 행동할 뿐이다. 어떤 상황에서는 부모의 역할을 할 것이다. 어떤 상황에서는 학생이나 소방관, 친구일 수도 있다. 여섯 살짜리와 놀아주는 상황이라면 아이가 뛰어다닐 트램펄린 역할을 할 수도 있다.

내 친구 블레인은 산업용 호스 창고의 관리자로 일한다. 블레인은 친구인 브래드에게 자신은 '호스쟁이'일 뿐이라고 말했다. 한데 이 말이, 블레인이 자기 비하를 하는 것처럼 들려서 브래드의 마음은 왠지 불편했다. 블레인이 스스로를 관리자라고 밝혔다면 좀 더 나았을까?

우리는 직업을 지나치게 중시한 나머지 직업과 자신을 동일시하곤 한다. 하지만 우리는 작가가 됐든 관리자나 경찰관, 변호사, 교사가 됐든 주어진 역할을 수행하고 있을 뿐이다. 우리가 상황을 바꾼다면 즉시 그 역할도 바뀐다.

당신은 자신에게 유리하지 않은 역할들을 수행해왔을 수도 있다. 어쩌면 알코올에 의존하는 중독자일 수 있다. 하지만 알코올 중독자가 당신의 실재는 아니다. 당신의 일부분, 즉 끊임없이 수행하고 있는 역할일 뿐이다. 알코올 중독은 당신 자신에게서가 아니라 당신이 주변을 에워싸도록 허용한 환경과 관계에서 나온다. 중독은 잠재의식 상태로 자기 패배적인 주위 환경에 자신을 맡기는 행동 유형이다(이 문제는 뒤에서 더 자세히 다룰 것이다).

당신은 행동 유형을 바꿀 수 있다. 역할을 바꿀 수도 있다. 다만 환경을 변화시킬 때만 그럴 수 있다. 환경 변화란 솔직한 대화를 통한 경계와 기대치의 재정립을 의미할 수도 있고, 물리적으로 특정 개인이나 장소에서 떠나는 것을 의미할 수도 있다.

당신이 똑같은 역할과 행동 양식에 빠져 있다면 의지력을 발휘할 수 있는지 없는지는 중요하지 않다. 왜냐하면 의지력은 당신의 역할이라는 국한된 맥락 안에서 한정적으로 발휘될 것이기 때문이다. 결국 당신은 자신의 정체성이라고 착각하고 있는 상황의 포로로 남을 것이다.

당신의 역할 변화는 분명 가능한 일이며, 그것은 극적이고 갑작스럽게 일어날 수도 있다. 사람들은 특정 역할을 맡으려면 완벽한 자격을 갖춰야만 한다는 믿음을 갖고 있다. 이는 잘못된 믿음이다. 자격은 역할을 수행하면서 서서히 갖춰나가도 된다.

아내와 나는 위탁부모가 됐을 때 아이를 키워본 경험이 전혀 없었다. 물론 양육에 관한 책을 여러 권 읽었고, 그중에는 멋진 아이디어와 시도해볼 만한 혁신적인 해법을 담은 책들도 꽤 있었다. 하지만 이론과 경험은 완전히 다르다. 짐작컨대 모든 부모들은 아이를 키우는 비슷한 과정을 거치면서 부모 노릇을 배워갈 것이다.

인생에서 만나는 그 어떤 문제도 결코 완벽히 대비할 수는 없다. 새로운 환경으로의 도약은 의지보다는 본능에 가까운, 마치 생존 기제와 같은 작용이다. 당신은 새로운 역할과 새로운 환경에 즉시 적응할 수 있다. 그러므로 어떤 사람이 되기 위해 미리 모든 자격을 갖추려고 노력하지 않아도 된다. 대신에 그 사람이 될 자격을 얻게 해줄 환경을 만들도록 하라.

데이비드 호킨스David Hawkins 박사는 "모든 고통의 근원은 바로 개인적 특성에 대한 환상이다."라고 말했다. 나도 개인적 성장을 제한하는 조건들을 인정하기는 하지만, 그 제약들이 명료하거나 견고하다고 보지는 않는다. 개인의 제약 조건은 유동적이며 상황에 따라 달라진다.

당신이 인생을 변화시키고 싶다면 더 강한 의지와 힘을 발휘하는 대신당신이 처한 환경과 역할들을 바꾸면 된다. 그러기 위해서는 먼저 다음과같은 사실을 인식해야 한다.

- 당신의 가능성은 의지력이 아니라 환경에 따라 달라진다.
- 모든 환경에는 규칙이 있다.
- 모든 환경은 상한선을 정해준다.
- 당신의 가치는 절대적이지 않고 상대적이다.
- 당신은 항상 '어떤' 역할을 수행하고 있다.

3

긍정적 스트레스를 주는
환경을 만들어라

성공하는 사람들이란 자신이 원하는 환경을 찾아내는 사람들이다.
발견하지 못하면 자기가 만들면 된다.
__ 조지 버나드 쇼 George Bernard Shaw

코트니 레이놀즈는 젊은 사업가다. 그녀는 시간을 생산적으로 사용하기 위해 늘 신경을 쓴다. 마찬가지로 자신의 주변 환경에도 신경을 쓰는 편이다. 그녀는 한 달에 약 15일 동안은 동업자인 벨과 함께 덴버에서 지낸다. 그동안 두 사람은 보통 하루에 열여덟 시간을 일하며, 여러 프로젝트를 함께 진행한다. 그들의 아파트에는 일에 집중하는 데 방해가 될 만한 물건이 하나도 없다. 벽에는 그림 한 점 걸려 있지 않고, 가구도 별로 없다. 책상과 의자, 마케팅용 영상을 찍는 데 필요한 몇몇 물품 외에는 휑하다.

스트레스와
회복이 모두 필요한 이유

레이놀즈는 덴버에 있는 동안 의도적으로 엄청난 스트레스와 성공해야 한다는 부담을 스스로에게 가한다. 늘 마감이 코앞이고, 기대치를 높이 설정하며, 중요한 약속을 연달아 잡는다. 그녀는 너무 많은 프로젝트를 진행하느라 오랜 시간 일해야 한다. 그러다 보니 정신적·정서적·육체적으로 지치고 인간관계도 힘들다.

그런데 그게 바로 그녀가 덴버에 있는 동안 원하는 상황이다. 그녀는 더욱 발전하고 성장하겠다고 마음먹었기 때문에 그런 상황으로 자신을 몰아넣는다. 하지만 그런 압박감으로 가득한 상황에 언제까지고 계속 있을 수 없다는 점도 알고 있다. 그래서 레이놀즈는 한 달의 절반은 네바다 주 라스베이거스로 가서 회복과 리셋을 위한 환경에 둘러싸여 보낸다.

라스베이거스에 있는 레이놀즈의 집은 철저히 휴식과 원기 회복, 즐거움을 유도하도록 설계되어 있다. 따뜻하고 친근한 색으로 페인트칠이 된 벽에는 아름다운 작품들이 걸려 있다. 가구와 주방용품은 괘적한 생활에 적합하다 레이놀즈는 라스베이거스의 몇몇 사회단체에 참여하여 좋은 사람들과 시간을 함께 보내며 깊은 관계도 맺는다. 그녀는 종종 집으로 사람들을 불러 대접한다.

집에 있는 동안에는 잠도 열 시간, 열두 시간씩 자며 최대한 숙면을 취한다. 라스베이거스에도 작은 사무실을 두고 하루에 몇 시간씩 머물지만, 진행 중인 다양한 프로젝트의 확인과 관리 정도만 할 뿐이다. 대부분의 시간은 일에 대해서는 신경을 끄고 회복에 힘쓴다. 시내를 돌아다니고, 멋진 식당에서 식사하고, 도시 곳곳에서 열리는 여러 재미있는 활동에 참여한다.

이런 회복의 시간을 규칙적으로 갖는 덕택에 레이놀즈는 덴버에 있는 동안 철저히 일에 몰입할 수 있다. 회복을 위한 시간은 그녀가 젊은 나이에 놀라운 성공을 거둔 비결들 중 하나다. 그녀는 전략적으로 환경을 설계해 보통 사람들이 1년 동안에 해내는 일보다 많은 양의 일을 한 달 만에 해낸다.

덴버의 환경은 생산성을 극대화한다. 반면 라스베이거스의 환경은 심신의 휴식을 충분히 취하게 해준다. 그러므로 레이놀즈는 보다 열심히, 오랜 시간, 깊이 있게 일할 수 있다.

사실 레이놀즈는 자신도 모르는 사이에 과학적 원리를 활용해왔다. 그녀는 강화된 환경enriched environment이라고 불리는 환경을 구성함으로써 일에 몰두할 수 있었다. 인간은 두 가지 중요한 환경, 즉 높은 수준의 스트레스를 주는 환경과 완전한 회복을 위한 환경을 필요로 하도록 진화했다.

이 두 가지 환경에 놓일 때 인간은 상황에 완전히 몰입한다. 온전히 집중하고 생기가 넘친다. 스트레스가 심한 환경에서는 자신의 능력을 100퍼센트 발휘한다. 회복을 위한 환경에서는 모든 것에서 벗어나 자유롭다. 두 환경은 풍부한 자극과 충족감을 주지만 유감스럽게도 우리가 쉽게 만날 수 없는 환경이다.

첫 번째 유형의 강화된 환경은 높은 수준의 스트레스를 주는 환경인데, 여기서의 스트레스는 긍정적인 스트레스, 즉 유스트레스eustress이다. 이것은 사람들이 흔히 경험하는 디스트레스distress와는 완전히 다른 종류다. 디스트레스는 인간을 죽음과 쇠락에 이르게 하는 반면, 유스트레스는 인간을 성장으로 이끈다. 긍정적인 스트레스는 우리를 더 강하게 만들어 자기 한계를 시험하도록 독려함으로써 스스로 가능하다고 생각해왔던 이상을 성취하게 해준다. 이것이 레이놀즈가 자신의 한계 이상으로 스스로를 채찍질하며 한 달의 절반을 사는 방법이다.

두 번째 유형의 강화된 환경은 휴식과 회복을 위한 환경이다. 회복의 환경에서는 일과 운동, 그리고 모든 스트레스에서 완전히 벗어나야 한다. 《부신 리셋 다이어트》The Adrenal Reset Diet에서 저자인 앨런 크리스천슨Alan Christianson 박사와 사라 고트프리드Sara Gottfried 박사는 우리가 완전한 휴식과 리셋, 원기 회복, 재충전을 위한 시간을 갖지 않는다면 우리 몸은 점진적으로 지방을 태우는 대신에 축적하는 방향으로 변한다고 설명한다. 주기적으로 완전한 회복의 시간을 가져야 비로소 건강과 독창성, 생산성, 인간관계가 가능하다는 의미다. 바로 레이놀즈가 한 달의 절반을 보내는 방법이다.

이것은 과학적으로도 명백한 사실이다. 가령 근육을 키우려면 한 계점을 넘어 근육을 사용해야 한다는 사실만 봐도 그렇다. 마라톤을 해서는 근육이 커지지 않는다. 단거리 달리기로 속에 있는 근육까지 사용해야 근육이 커질 가능성이 높아진다. 하지만 근육이 회복할 시간을 충분히 가질 때만 그렇다. 언제나 힘을 쓴 시간보다 더 길고 충분한 회복 시간을 가져야만 한다.

무슨 일에서든 최고가 되려면 상당한 노력을 요구하는 환경과 편히 쉴 수 있는 회복의 환경을 계속 오가야 한다. 그리고 두 환경이 제공하는 상황에 완전히 몰두해야 한다.

휴식과 회복을 방해하는 세상의 요구가 지금보다 더 많았던 적은 없다. 회복과 리셋의 필수 요소인 수면과 기도, 휴가, 여가, 금식, 명상이 점점 더 중요해지는 것은 바로 이 때문이다. 우리는 언젠가부터 이점을 잊고 있다.

독창적인 학문적 발견은 치열하고 힘들게 연구를 하다가 잠시 정신적인 휴식을 취하는 도중에 이루어지곤 한다. 신경과학 연구에 의하면 창의적이고 지적인 발견의 오직 16퍼센트만이 일을 하는 도중에 나왔다고 한다. 창의성은 기존 지식들 간의 독특하고 유용한 연관성을 찾아내는 데서 나온다. 프로젝트나 문제에 빠져 깊이 생각한 다음에 휴식을 취하지 않는다면 그런 연관성을 떠올릴 수 없다.

지적, 창의적 진전은 책상 앞에 앉아 있을 때가 아니라 휴식을 취하는 동안에 이루어진다는 것을 잊지 말자. 따라서 휴가와 여행, 완전한 휴식은 우리에게 절실하게 필요하다. 열심히 일하는 만큼 적당한 휴식도 취해야 한다. 레이놀즈처럼 한 달의 절반 동안 일을 놓을 수는 없겠지만 주말 동안 오롯이 휴식을 취하는 것은 가능하지 않을까?

극소수의 사람만이 일과 사람, 음식, 생활로부터 회복할 시간을 갖는다. 결국 회복할 기회를 갖는 사람들만이 긍정적 스트레스를 느끼는 환경에서 전력을 기울일 에너지와 맑은 정신을 얻는다. 삶의 모든 면에서 번창하려면 강화된 두 가지 환경 모두가 필요하다.

나는 최근에 동네 공원에서 친구인 저스틴과 그의 세 자녀를 만났다. 저스틴은 딸의 친구가 참가하는 축구 경기를 보러 왔다고 했다. 그의 딸은 친구의 경기를 보고 싶었고, 그는 자녀들과 소중한 시간을 보내고 싶어 작정하고 나온 것이다. 그는 스마트폰도 들고 있지 않았다. 자녀들이 중시하는 활동을 함께하면서 그들에게 집중했다. 적어도 그 순간만큼은 그가 인생의 승리자라는 생각이 문득 들었다.

저스틴은 자신의 가치관에 따라 자신의 방식대로 살고 있었다. 혹시 중요한 전화를 놓치지 않을까 하는 두려움은 없었다. 일에 대해 생각하거나 스마트폰을 사용하면서 건성으로 함께 있는 것이 아니라 온전히 자녀에게 집중했다. 진심으로 아이들과 함께했다. 그는 충분한 회복의 시간을 누리고 있었다. 그것만 봐도 그가 일이니 다른 삶의 영역에서 뛰어난 것이 당연하다는 생각이 들었다.

'자기 자신'에서
'환경'으로 초점 옮기기

자기계발 분야의 최신 이론들도 1960년대부터 1980년대까지의 심리학 연구를 기초로 하는 듯하다. 성공 요인으로 사고방식, 의지력, 목표 설정을 계속 강조하는 것을 보면 말이다. 이는 시대에 뒤떨어진 부적절한 접근법이다. 이런 전략들 자체가 나쁘다는 것이 아니라 다른 중요한 것을 놓치고 있다는 뜻이다. 자기계발서 대부분이 모든 부담을 개인에게 지운다.

이제 자기계발 분야의 이론들은 개인에게 초점을 맞추는 데서 벗어나 환경을 전면에 내세우는 다음 단계로 진화해야 한다. 모순 같지만 앞으로 자기계발 분야는 '자기 자신'에게서 자신을 형성하는 '환경'으로 초점이 옮겨갈 것이다. 이런 새로운 움직임의 핵심은 강화된 환경의 조성이다.

강화된 환경에 있는 동안에는 환경에 의해 바람직한 행동을 자동으로 하게 된다. 상당한 노력을 요하는 일을 하고 있든 활기를 되찾는 중이든 간에, 현재에 충실하고 몰두한다. 무슨 일이든 그 일에 최적화된 환경은 원하는 행동이 나올 수밖에 없도록 만든다.

반대로 보통의 환경에 놓여 있을 때는 원하는 행동이 자동화되지도 않을뿐더러 환경의 도움을 받을 수도 없다. 그런 환경에서는 자신이 하고 있는 일을 계속 의식하고 있어야 하며, 원하는 방식으로 행동하도록 의지력을 동원해야만 한다. 대부분의 환경이 높은 성과를 내거나 회복하는 데 최적화되어 있지 않고 주의를 분산시키는 요인이 많기 때문이다.

이 책의 나머지 부분은 당신이 강화된 환경을 만들어 자신의 뜻대로 살고 인생에서 승리를 거둘 수 있도록 돕는 데 초점을 맞추고 있다. 사실 성공에 이르는 데 있어 가장 중요한 요소는 휴식과 회복이다. "수면을 통해 정상에 오른다."는 아리아나 허핑턴Ariana Huffington의 영리하면서도 진실한 권유다.

많은 노력을 요구하고, 쉴 새 없이 돌아가며, 자극이 과도한 오늘날의 환경 속에서 리셋, 휴식, 회복의 시간을 갖기란 여간 어려운 일이 아니다. 하지만 그래서 더욱더 중요한지도 모른다. 그러므로 〈파트 2〉에서는 휴식과 회복에 최적화된 환경, 즉 강화된 환경을 조성하는 법을 이야기하려 한다. 당신은 휴식을 취하는 동안에 가장 생산적인 일을 할 수 있다. 최상의 아이디어가 떠오르고, 중요한 사람들과 유익한 시간을 보내며, 일과 삶의 방향을 어디로 잡아야 할지를 명확히 할 것이다.

〈파트 3〉에서는 고도의 스트레스와 요구에 최적화된 환경을 조성하는 법을 알려줄 것이다. 편안한 삶은 성장과 행복에 이르는 길이 아니다. 오히려 사람을 정체시키고 인생을 혼란스럽게 만든다. 대다수의 사람이 별로 거칠 것 없는 길을 추구함으로써 편안함과 게으름에 인주허지만, 성공하고 싶다면 엄청난 도전과 어려움을 자기 인생의 몫으로 삼아야 한다. 얕은 물이 아니라 깊은 물에서 헤엄치기를 원해야 한다.

바람이 심하고 척박한 환경에서 자라는 나무는 굳은 토양을 뚫고 깊이 뿌리를 내릴 수밖에 없다. 그렇게 스스로 분투하지 않는다면 성장하는 삶을 살 수 없다. 더글러스 맬럭Douglas Malloch의 시가 떠오른다.

"좋은 재목은 쉽게 자라지 않는다. 바람이 강할수록 나무는 강해지는 법이다."

나무의 강도는 환경이 척박한 정도에 따라 달라진다. 편안한 환경에서는 좋은 목재가 나오지 못한다. 마찬가지로 훌륭한 사람도 나오지 못한다.

자기 분야에서 세계적인 수준에 도달하고 싶다면 어려운 일에 도전하고 그 일을 잘 해내야 한다. 성공하려면 기대 수준을 높게 설정하라. 현재의 역량을 넘어서는 프로젝트를 맡아서 더 깊이 뿌리를 내리는 사람이 되어야 한다.

-------------------------------- (+ Special Point +) --------------------------------

인간은 높은 수준의 스트레스를 주는 환경과 완전한 회복을 위한 환경을 필요로 한다. 이 두 가지 환경에 놓일 때 상황에 완전히 몰입하고, 생기가 넘친다. 긍정적 스트레스가 심한 환경에서는 자신의 능력을 100퍼센트 발휘하기 위해 노력하고, 회복을 위한 환경에서는 에너지를 충분히 충전한다.

무슨 일에서든 최고가 되려면 치열한 노력을 요구하는 환경과 편히 쉴 수 있는 회복의 환경을 계속 오가야 한다. 그리고 두 환경이 제공하는 상황에 완전히 몰두해야 한다. 이는 마치 단거리 달리기로 속에 있는 근육까지 사용해서 근육을 키운 후, 다시 회복할 시간을 충분히 줌으로써 근육을 단련시키는 것과 같다.

그리고 언제나 힘을 쓴 시간보다 회복 시간을 길게, 충분히 가져야 한다는 사실을 잊지 말자.

PART 2

사람은 어디에서
성장하는가

4

인생을
새롭게 들여다 보라

고요히 자기를 들여다보는 시간을 갖지 않으면
목표가 빗나간다.
_ 알베르트 아인슈타인Albert Einstein

여행 전문 블로거인 티시 옥슨라이더Tsh Oxenreider는 지난 몇 년 동안 남편과 어린 세 자녀와 함께 세계여행을 하고 있다. 미국에서의 생활을 정리하고 세계여행 길에 오르기 전, 티시는 직장에서나 개인적으로나 판에 박힌 생활에서 헤어나지 못하고 있었다. 그녀는 삶의 목적을 찾고 싶었다. 하지만 평소 하고 싶었던 일도 도무지 마음이 내키지 않았고 점점 무력감에 빠져들었다.

그러다 일상의 환경을 벗어나자마자 활기와 영감을 느꼈으며 일하고 싶은 의욕까지 샘솟았다. 마치 수문이라도 열린 듯이 글의 소재가 될 만한 각종 아이디어들이 그녀의 마음과 영혼으로 쏟아져 들어왔다. 회복을 위한 환경에 놓이자 기존의 사고를 벗어난 독특한 생각들이 떠오르고 여유로워졌다. 새로운 경험을 하면서 인간저으로도 성장했다.

티시는 틀에 박힌 일상에서 완전히 떠나 가족과 함께 여행하는 동안 인생에서 가장 중요한 결정들을 내렸다. 그중 하나가 다른 사람들이 생활을 단순하게 바꿀 수 있도록 도와주는 강좌를 개설하기로 한 것이다. 이런 중대한 결정을 내릴 수 있었던 이유는 심리학자들이 말하는 소위 '절정 체험'peak experience 을 했기 때문이다.

휴식과 회복의 시간이 필요한 까닭

에이브러햄 매슬로Abraham Maslow 는 절정 체험이란 "경험자에게 신비롭고 마법적이기까지 한 영향을 미치는 흥미롭고, 광대하며, 대단히 감동적이고, 신나고, 정신을 고양시키는 드문 경험"이라고 설명한다. 나아가 그는 절정 체험이 자신의 잠재력을 실현하는 데 필수적이라고 주장한다.

절정 체험은 휴식과 회복에 최적화된 환경 속에서 일어날 가능성이 가장 높다. 여행을 하는 도중에 가장 독창적인 통찰을 얻게 되는 것처럼 말이다. 창의력을 위해 7년마다 뉴욕의 스튜디오를 닫고 1년 간 안식년을 갖는 디자이너 스테판 사그마이스터Stefan Sagmeister의 이야 기를 들어보자.

"뉴욕을 떠나 있는 1년 동안 최상의 아이디어를 얻고, 그 후 몇 년 동안은 그 아이디어를 발전시키며 작업을 해나갑니다." 그는 새롭고 편안한 환경에서 독특한 발상을 할 수 있고, 인생에서 자신이 진정으 로 원하는 바가 무엇인지 생각할 수 있다고 했다. 절정 체험을 추구했 던 것이다.

절정 체험은 인생뿐 아니라 경력의 그래프를 바꿔놓는다. 오로지 패러다임을 바꾸는 강렬한 경험을 통해서만 인생에 무슨 일이 일어 나고 있는지를 정확히 볼 수 있다. 그리고 그런 고양된 상태에서만 자 신과 자신의 인생에 대한 기준을 높이겠다는 중대한 결심을 할 수 있 다. 자신과 세상을 새롭게 본 후에야 비로소 스스로를 현재의 환경에 묶어두는 하찮은 두려움과 신념들을 넘어설 수 있기 때문이다.

나는 절정 체험을 몇 차례 했으며 정기적으로 절정 체험을 하기 위 해 노력한다. 최근에는 트라이브 오브 킹스Tribe of Kyngs라는 남성단체를 설립한 내 친구 리처드 폴 에반스와 주말을 함께 보냈다. 이 단체의 목적은 요즘 보기 힘들어진 남자들 간의 진실하고 친밀한 우정을 쌓 게 도와주고, 도전 과제를 극복히고 재미있는 경험올 하며, 자기 삶에 대한 비전을 높일 수 있는 환경을 제공하는 데 있다. 에반스는 1년에 몇 차례 유타 남부에 있는 자신의 목장에서 트라이브 오브 킹스 주말 수련회를 개최한다.

최근에 나는 에반스에게 목장도 구경할 겸 수련회에 한번 와보라는 초대를 받았다. 나는 너무나 아름다운 남부 유타의 경치에 넋을 빼앗겼다. 그리고 이 단체의 문화와 수련회의 목적에 더 감탄했다. 에반스가 내게 말했다. "남자들은 다 바빠. 그냥 느긋하게 있을 시간이 필요해. 그래서 앞으로 이틀 동안은 아무 일정이 없어. 아침식사는 오전 9시에 나오지만 늦잠을 잔다고 해도 상관없어."

나는 수련회 기간 중 많은 시간을 사륜 오토바이를 타거나 다른 참가자들과 이야기를 하며 보냈다. 우리는 페인트 볼 싸움도 했다. 그리고 혼자서 책을 읽고 일기를 쓰고 오디오북을 들으며 산책하고 아름다운 경치를 감상하는 시간도 많이 가졌다. 흥미롭게도 집을 떠나 있던 그 시간 동안 아내와 아이들, 집에서의 내 생활에 대한 애정과 애착이 더욱 강해졌다.

공항에 도착할 때까지 아내에게 전화하지 않았다. 수련회의 중요한 목적이 모든 것을 차단하고 자기 자신과 인생을 다시 들여다보는 데 있었기 때문이다. 하지만 아내에게 전화를 했을 때 그녀가 내게 얼마나 소중한 사람인지 애정을 담아 이야기했다. 나는 그동안 아내와 아이들, 내 생활 속의 멋진 일들을 너무나 당연시해왔음을 인정할 수밖에 없었다.

잠시 목장에서 휴식을 취하는 동안 나는 앞으로의 프로젝트와 관런해서도 많은 통찰을 얻었다. 환경은 정말로 중요하다. 에반스가 훌륭한 환경을 조성해준 덕에 나는 멋진 사람들과 사귀는 즐거움을 누릴 수 있었으며, 진정한 휴식과 회복을 취하며 나 자신을 되찾을 수 있었다. 그리고 향후 몇 년 동안 무엇을 하고 싶은지 진지하게 생각해볼 수 있었다. 최상의 상태였기 때문에 내면 깊숙이 자리한 야망을 떠올릴 수 있었던 것이다. 삶의 기쁨을 느꼈고, 그런 마음 상태는 훌륭한 아이디어들이 떠오르게 해주었다.

인생의 리셋 시간을
만들어라

매슬로는 '절정 체험'을 하는 경우는 드물다고 했다. 하지만 사실 절정 체험을 하기 힘든 이유는 없다. 우리는 매일 절정 상태peak state에 도달하는 절정 체험을 할 수 있다.

사람들이 절정 체험을 흔치 않은 일로 여기는 이유는 정기적으로 절정 체험을 할 수 있는 환경을 구성하지 못했기 때문이다. 사람들은 자기 자신에게서 단절되어 있다. 그들은 부정적인 일상과 환경 속에서 수동적인 자세로 살아간다. 그렇게 수동적인 상태로 살다가 불현듯 무의식에서 빠져나오는 순간이 있다. 이때 절정 체험을 할 수 있고, 실제로 많은 이들이 경험한다.

절정 체험은 예측 가능하며 유도할 수도 있다. 만일 절정 체험을 위해 노력한다면 어떻게 될까? 목표를 달성하기 위해서 매일 절정 상태에서 움직여야 한다면 어떻게 해야 할까?

절정 상태는 자신이 원하는 수준에서 활동하면서 이전에 했던 것을 능가하는 성취를 달성할 수 있는 상태다. 한번도 해보지 않은 새로운 일을 추진하고 있지 않다면 아마도 절정 체험이 필요하지 않을 것이다. 하지만 성장을 추구하고 있다면 절정 상태를 보다 빈번하게 경험해야 한다. 나아가 목표를 설정할 때도 절정 상태에서 하는 것이 좋다. 왜냐하면 어떤 일을 어떻게 시작했는가 하는 것이 그 일의 결말에도 영향을 미치기 때문이다.

시작이 좋았다면 보통 올바른 상태로 이어지게 마련이다. 반대로 시작이 잘못됐다면 이후의 상황 역시 잘못된 방향으로 흐르기 십상이다. 물론 도중에 시작했을 때와 다른 상태로 바뀌는 경우도 더러 있다. 그럼에도 처음에 결정을 내리게 만든 힘이 일의 향방을 결정지을 만큼 중요하다는 뜻이다. 아주 극소수의 사람만이 절정 상태에서 진정한 결심을 한다.

많은 사람들이 순간적으로 생각나는 대로 결심하곤 한다. 그들의 결심에는 진심도 확신도 없다. 그들은 확고하지 못하다. 단호하지 못하다. 위기감도 없다. 돛이 없는 배와 같다. 흘러가는 대로 인생을 산다. 그들의 발전은 무작위적이고 무의식적이다. 그들은 수동적으로 행동하므로 결과에 별로 개의치 않는다.

당신이 새로운 인생 경로를 설정하고 싶다면 확고한 결정을 내릴 필요가 있다. 그리고 그 결정을 절정 상태에서 내려야 한다.

어떻게 해야 절정 상태에 도달할 수 있는가?

삶과 목표에 대해 명확한 태도를 가지려면 정기적으로 자신을 리셋할 필요가 있다. 세계적인 성공을 거둔 사람들은 평소 일정에 의도적으로 완전한 휴식과 재충전, 리셋의 시간을 넣는다. 유명한 빌 게이츠도 그렇다. 그는 일을 전혀 하지 않고 모든 연락을 차단하는 '생각 주간'을 갖는다. 이때 생각하고, 배우고, 쉬기만 한다. 마이크로소프트의 경영을 위한 최고의 아이디어들을 이 1주일간의 휴식과 회복 시간에 얻었다고 그는 고백했다.

휴식과 회복을 위한 시간을 1주일씩 가질 수 있는 사람은 드물 것이다. 대신 '연락을 끊는 날'을 만들어 하루 동안 일을 쉬고 온종일 휴식과 회복을 하는 데 시간을 쓸 수는 있다. 평소의 환경에서 벗어날 수 있는, 적어도 차로 30분 거리에 있는 적절한 공간이 있다면 더욱 좋을 것이다.

더 나은 삶을 위해
일기를 써라

연락을 끊는 날에는 생각하고, 쉬고, 배우고, 일기를 쓰는 시간을 갖는다. 평소 환경에서 벗어나는 것은 생활이라는 나무들에서 떨어져 숲을 보기 위함이다. 몸에 문제가 생겼을 때 금식이 해결책이 될 수 있듯이, 지속적인 스트레스에 지쳤을 때는 일상에서 벗어나 깊게 숨을 쉬며 리셋할 필요가 있다.

연락을 끊는 날에는 최대한 다른 일은 잊고 그 시간에 충실한 것이 좋다. 많은 사람이 전자기기와 일에 중독되어 있기 때문에 그렇게 하기가 생각보다 어려울 수도 있다. 그러나 정신적, 정서적, 신체적으로 일에서 확실히 벗어났던 사람이 다시 일을 할 때 제대로 몰입할 수 있다.

하루뿐이라도 휴가는 반드시 필요하다. 바쁜 생활에서 완전히 벗어나서 자신을 되찾는 시간을 갖도록 하라. 이런 리셋 과정의 핵심은 일기 쓰기를 가능한 많이 하는 것이다.

일기를 쓰려면 우선 바람직한 마음 상태부터 만들어야 한다. 평소의 환경에서 벗어나 최소 30분 정도 마음의 준비를 하는 것이 좋다. 마음의 준비는 영감을 주는 글을 읽거나 듣는 것일 수 있다. 운동일 수도 있고, 항상 기분을 좋게 만들어주는 가까운 친구나 가족과 이야기를 나누는 일일 수도 있다.

무엇보다 일기를 쓰기 전에 마음을 절정 상태로 만들어야 한다. 일상에서 벗어났으므로 자연스럽게 긍정적인 감정이 생길 것이다. 앞으로 한동안 배움과 회복, 계획, 구상에 깊이 빠져 있을 거라는 생각도 절정 상태에 이르는 데 도움이 된다.

일기 쓰기를 강화해줄 다른 구체적 전략은 명상과 기도다. 명상이 대체 무엇이며, 왜 명상을 하는지에 관해서는 수많은 의견이 있다. 대다수가 명상이 마음속에 있는 생각들을 비우는 과정이라고 믿는데 그런 믿음 때문에 명상하는 습관을 기르지 못하는 경우가 많다. 명상은 그런 것이 아니다. 명상은 더 나은 삶을 살기 위해 당신이 무엇을 원하는지 명확히 알아내는 과정이다.

나는 일기를 쓰기 직전에 명상과 더불어 기도에도 힘쓴다. 그러면 절정의 마음 상태에서 일기를 쓸 수 있다. 때로는 일기를 쓰는 동안에 마음이 고양되기도 한다. 감사한 일에 대해 쓸 때가 특히 그렇다. 준비부터 일기 쓰기까지 전 과정은 자기와 자신의 꿈과 이상으로 더 가까이, 더 깊이 다가가기 위한 것이다.

일기를 쓸 때 다음에 제시된 몇 가지에 유의하면 의미 있는 글을 쓸 수 있다.

- 우선 당신의 삶에서 일어나는 모든 일에 감사하는 마음으로 시작한다.
- 당신의 삶과 관계에 관해 충분한 시간 동안 숙고하고 쓴다.
- 당신에게 중요한 모든 사람에 관해서 쓴다.
- 당신에게 얼마나 진전이 있었는지 쓴다.
- 지난번에 회복의 시간을 가진 뒤로 무슨 일이 있었고, 무슨 일이 일어나고 있는지 구체적으로 쓴다.

- 역사를 기록하는 것은 일기 쓰기에서 중요한 부분이다. 역사는 아이디어와 목표, 계획에 맥락을 제공한다.
- 삶에 무슨 일이 일어나고 있는지 솔직하게 쓰도록 하라. 생활하면서 아주 좋았던 일들과 애먹었던 일에 감사한 후, 진짜 속마음에 대해서 솔직히 고백하는 것도 좋다.
- 꿈과 이상을 달성하기 위해 반드시 필요한 변화를 써보라. 머릿속에 떠오르는 모든 것을 써야 한다. 과거에 변화를 일으키기 위해 애를 썼던 행동과 이유도 적어보라.
- 일기 쓰기는 치료와 치유의 강력한 도구이기도 하다. 그러니 당신을 지금의 위치로 이끈 좌절과 어려움에 대해서도 숨김없이 써보라.

일기를 쓸 때는 자신의 전부를 드러내고 솔직해지도록 하라. 당신의 일기는 어느 누구도 읽지 않을 것이다. 일기 쓰기의 목적은 삶의 우선순위와 초점을 명확히 하고 다시 설정하는 데 있다. 솔직해지지 않으면 이 목적을 이룰 수 없다.

큰 꿈들에 대해 써보라. 다음으로 그 꿈들을 이루기 위한 인생의 비전이나 3~5년 내의 목표, 혹은 3~12개월 내의 구체적인 목표를 구상하라. 인생의 큰 그림을 위해 무엇을 해야 하는지 구체적으로 생각하는 것이 좋다.

인생의 큰 그림을 일기에 써보는 것은, 살아가는 이유를 되새길 수 있는 훌륭한 방법이다. 우리는 일상의 분주함 속에서 인생의 이유를 망각하기 쉽다. 또한 수단적 목표_means goal_와 목적적 목표_ends goal_는 엄청난 차이가 있음에도 불구하고 혼동한다. 정말로 중요한 것은 목적적 목표이다.

목적적 목표는 당신이 정말로 원하는 일을 할 수 있도록 해주기 때문이 아니라 그 자체가 원하는 일이라서 이뤄야 하는 것이다. 예를 들어 좋은 직장에 취직하기 위해 대학 졸업장을 따는 것은 수단적 목표다. 그렇다면 목적적 목표는 무엇인가? 대학에 다니며 공부하는 것 자체가 목표인 경우이다. 목적적 목표는 당신에게 정말로 중요한 일이며, 그것을 염두에 두고 일을 시작하면 많은 문제를 줄일 수 있다. 자신은 원치 않으면서 사회적 기대에 따라 목표를 추구하는 어리석음도 피할 수 있다.

일기를 쓰는 동안, 책을 읽거나 듣는 동안, 숙고하고 반성하는 동안 스마트폰 사용은 가능한 자제하는 것이 좋다. 다만 문득 떠오른 중요한 아이디어를 행동으로 옮기거나 인생에서 중요한 인물에게 연락을 취해야 할 때, 그런 경우에만 이메일을 보내든지 전화 통화를 시도하든지 스마트폰을 사용해야 한다.

최근에 나는 일기를 쓰는 동안에 그즈음에 나를 도와줬던 사람들에게 꽃을 보내야겠다는 생각이 들었다. 즉시 스마트폰을 꺼내서 그들의 주소로 꽃을 주문했다. 그런 다음에 계속해서 일기를 썼다.

일기 쓰기를 통해
주간 계획을 수립하라

주간 계획을 세우면서 회복을 위한 간단한 일기를 함께 쓰는 것이 좋다. 매주 지난주에 대해서 반성하고, 보다 나은 다음 주 계획을 세울 수 있기 때문이다.

　주간 계획의 기록은 기본적으로 아침 일기 쓰기 루틴이 확대된 것이다(아침 일기 쓰기 루틴에 대해서는 다음 챕터에서 자세히 살펴볼 것이다). 일기를 쓰는 동안에 다음과 같은 내용들을 포함시켜 주간 계획을 짤 수 있다.

- 지난주에 대한 평가(좋았던 점, 나빴던 점 등)
- 잘한 일(성과)
- 제대로 되지 않았던 일(하지 않은 일, 연락하지 않았던 사람, 부족했던 영역)
- 중요한 사건(친구나 가족과 함께 보낸 즐거웠던 순간, 획기적인 업무 처리)
- 다음 주 계획
- 지난주에 배운 것들을 통해 다음 주에 더 잘할 방법들
- 큰 그림 속의 목표들(인생의 이유와 목적적 목표들을 상기시키는 소수의 중요 항목들)

- 단기 목표들(앞으로 1~6개월에 걸쳐 바로 진행해야 할 일들)
- 다음 주에 끝내야 할 구체적인 일들(아침 일과, 학습, 관계, 일, 운동 등에 관한 계획 등)

일기를 쓸 때처럼 주간 계획을 세울 때도 먼저 자신을 절정 상태로 끌어올리는 것이 좋다. 사고의 수준을 높여 고양된 상태에서 확고한 계획과 결정을 얻기 위해서다.

당신은 궤도를 재설정하기를 원하는가? 그렇다면 그런 결정을 쉽게 해줄 환경을 조성하라. 의식적으로 계획에 따라 변화하려면 구체적인 노력을 기울일 필요가 있다. 그러지 않는다면 외부에서 발생하는 상황에 따라 수동적으로, 되는 대로 변할 것이다.

-------------------------------- + Special Point + --------------------------------

많은 연구를 통해 최상의 아이디어는 책상 앞에 앉아 있는 동안 떠오르지 않는다는 사실이 확인됐다. 뇌는 휴식을 취하는 편안한 상태에서 가장 원활하게 작동된다. 물론 당신이 일하는 동안 많은 노력을 기울이고 집중하지 않는다면 휴식 중에도 멋진 아이디어가 떠오르지는 않을 것이다. 이는 깨어 있는 동안 신체적 한계까지 밀어붙이지 않았다면 자고 있는 동안에 근육이 붙거나 근력이 강해지지 않는 것과 같은 원리다.

또한 일상 속에서 깊은 통찰을 얻는 일은 드물다. 같은 일상 속에서, 집에서, 평소 환경에서는 주변에서 일어나는 일에 정신을 빼앗기기가 너무 쉽다. 나무만 보고 숲은 보지 못하는 상황이 벌어진다. 따라서 정기적으로 일상을 벗어날 필요가 있다. 늘 반복되는 생활에서 빠져나와 회복할 시간을 가져야 한다.

　가족과 함께 휴식을 취하는 것도 좋다. 하지만 때로는 잠시 가족과 떨어져 지내는 시간도 필요하다. 그 시간이 당신을 더 여유롭고 유능한 사람으로 만들어주고 가족을 사랑하고 지원할 수 있도록 해줄 것이다.

자기만의 성지를
마련하라

꿈과 목표를 종이 위에 기록하는 것.
그것이 원하는 사람이 되기 위한 방법이다.
__ 마크 빅터 한센Mark Victor Hansen

비행 중 난기류 같은 기상 변화들로 인해 경로를 벗어나는 경우가 90퍼
센트나 되는데도 불구하고, 대부분의 항공편은 예정된 시각에 정확히
목적지에 도착한다. 그 이유는 매우 단순하다. 항공 교통 관제 시스템
과 관성유도장치를 통해 조종사들이 계속 경로를 수정하기 때문이다.
바로바로 조치를 취할 때는 경로 수정이 어렵지 않다. 그러나 수시로
경로를 수정하지 않는다면 장애물이 있거나 다른 문제에 처했을 때
대참사가 벌어질 수 있다.

사소한 오류가
대형 사고를 일으킨다

1979년 남극 대륙 관광용 여객기 한 대가 승객을 포함해 총 257명을 태우고 뉴질랜드를 출발했다. 조종사들은 누군가가 2도 정도 비행 좌표를 변경하는 바람에 비행기가 경로에서 45킬로미터 동쪽으로 가고 있다는 사실을 알지 못했다.

남극 대륙이 가까워오자 조종사들은 탑승객들에게 멋진 경치를 보여주기 위해 비행 고도를 낮췄다. 안타깝게도 부정확한 비행 좌표 때문에 비행기는 활화산인 에레버스 산 바로 위를 지나가고 있었다. 눈 덮인 화산과 그 위에 낀 구름을 구분할 수 없었던 탓에 조종사들은 평지 위를 날고 있다고 생각했다. 신속히 고도를 높이라는 경보음이 울렸을 때는 이미 너무 늦었다. 여객기는 화산에 추락했고 탑승객은 전원 사망했다.

비행 좌표를 고작 몇 도 잘못 설정한 실수가 돌이킬 수 없는 엄청난 비극을 초래했다. 사소한 오류라도 정정하지 않으면 대형 사고로 이어지는 법이다. 이 여객기는 우리의 삶과 유사하다. 하찮아 보이는 우리 삶의 단면들도 좋건 나쁘건 파문과 풍랑이라는 결과를 가져올 수 있다.

· 당신은 인생을 어떻게 조종하고 있는가?

- 어떤 피드백을 받아서 경로를 수정하는가?
- 얼마나 자주 유도장치를 확인하는가?
- 당신에게 유도장치가 있기는 한가?
- 당신의 목적지는 어디인가?
- 언제 그곳에 도착할 예정인가?
- 당신은 현재 경로를 벗어나 있는가?
- 경로를 벗어난 지 얼마나 됐는가?
- 당신이 올바른 경로로 가고 있는지 어떻게 알 수 있는가?

어떻게 해야 경로를 이탈하게 만드는 난기류나 다른 기상 변화의 영향을 최소화할 수 있을까?

이번 챕터에서는 새로운 목표를 향해 계속 똑바로 나아갈 수 있도록 일상 환경을 조성하는 것이 얼마나 중요한지 설명하려 한다. 즉 목표를 세우고 결정을 내릴 때 절정 상태로 만들어줄 일상 환경을 조성하는 것에 관한 이야기다.

비행기와 우리의 삶도 비슷하다. 지속적으로 경로를 수정할 필요가 있다. 그러지 않으면 경로를 이탈할 것이다. 원하는 방향으로 가고 있는지 날마다 확인해야 한다. 정말로 변화하기 원한다면, 날마다 당신이 만들려고 애쓰는 새로운 현실의 위치에 있는 것처럼 행동해야 한다. 그러면 목표가 달성될 수 있는 상황과 환경을 조성할 수 있다.

아침 루틴의
중요성

아침 일과를 정해두는 것은 당신을 아침에 절정 상태로 만들어 온종일 절정 상태에서 활동할 수 있게 하는 데 목적이 있다. 수동적 반응, 중독, 무의식 상태에서 아침을 시작하지 않고 아침 루틴을 통해 절정 상태로 만드는 것이다. 때문에 아침 루틴은 필수다.

당신의 생활에 변화를 주고 싶다면 아침 루틴이 필요하다. 다작하는 작가나 창작자가 되고 싶다면 아침 루틴이 필요하다. 날마다 안목과 통찰력을 갖고 관계에 충실하고 싶다면 아침 루틴이 필요하다. 이유가 뭘까?

평소보다 좀 더 나은 행동 양식을 유도하기 위함이다. 다른 삶을 원한다면 다른 사람이 되어야만 한다. 아침 루틴은 당신을 절정 상태로 이끌어준다. 그리고 절정 상태는 어떤 사람이 되고 싶은지, 어떻게 행동하기를 원하는지를 깨닫게 해준다. 그 결과 당신은 온종일 절정 상태에서 그 사람처럼 행동한다.

인생 궤도를 바꾸고 싶다면 장소와 시간을 잘 선택해서 경로를 결정해야 한다. 일상에서 완전히 벗어난 배움과 성장, 관계 맺음, 휴식, 회복에 최적화된 환경에서 효과적인 아침 루틴을 치른 후의 시간이라면 최고의 선택이다.

당신이 좀 더 수준 높은 삶을 살기로 결심한다면 그 결심대로 살지 못하게 막는 많은 방해 요소가 당연히 나타날 것이다. 왜냐하면 오랫동안 지금의 상황이 유지되도록 주위 환경을 구축해왔고, 지금의 생활에 상응하는 심성 모형을 갖고 있기 때문이다. 그렇지 않았다면 당신의 생활은 달랐을 것이다. 자신감 역시 현재의 생활과 관련이 있다. 이제 당신이 이전과 다르게 살겠다고 결심했다면 그걸 가능케하는 환경을 만들어야 한다.

그것이 바로 절정 상태로 끌어올리는 습관을 들이는 일이다. 습관을 만들기 가장 좋은 시간은 아침에 눈을 뜬 직후이다. 잠에서 깨는 순간에 절정 상태가 되도록 하지 않으면 곧바로 이전의 활동 상태로 돌아간다. 아무리 의지를 다져도 현실에 상응하는 행동을 하게 된다. 그러면 당신은 예전의 행동 양식으로 되돌아가고, 지금의 현실이 지속되며 꿈은 꿈으로만 남을 것이다. 아마 의지력을 발휘해 조금 더 노력해볼 수는 있겠지만 이 같은 결과를 잠시 지연시킬 뿐 결코 피할 수는 없을 것이다.

만약 현재 이런 상황이라면 당신의 '결심'이 진정한 결심이 아니었음을 솔직히 인정해야만 한다. 왜냐하면 날마다 그 결심을 실행에 옮길 정도로 마음을 쓰지 않았고, 날마다 스스로를 절정 상태로 끌어올리지 않았으며, 그 상태로 활동하기 위해 노력하지 않았음이 분명하기 때문이다.

당신이 원하는 바를 얻으려면 먼저 자신을 변화에 적합한 상태로 만든 후 행동해야만 한다. '상태→실행→달성'의 순서이지 그 반대가 아니다. 결심에 이르게 된 절정 상태에서 시종일관 행동해야 한다. 자기만의 성지와 매일 할 일을 정해두고 자신이 원하는 역할에 맞는 정체성을 갖고 행동할 때 자연스럽게 그런 존재가 될 수 있다.

인생의 중요한 일에
먼저 집중하라

사람들은 대부분 수동적인 반응으로 하루를 시작한다. 침대에 누워 스마트폰을 들여다보면서 남들의 정보와 의도로 구성된 디지털 세계로 빨려 들어간다. 그렇게 그날 하루를 수많은 자극에 수동적으로 반응하며 생활할 태세를 갖추게 된다. 아침 루틴은 다음과 같은 이유 때문에 매우 중요하다.

- 자기 존재와 삶의 이유를 깊이 들여다보게 해준다.
- 꿈과 비전을 달성할 수 있도록 절정 상태로 끌어올려준다.
- 그날 정말 하고 싶은 일을 할 수 있도록 마음의 준비를 도와준다.
- 사후 반응이 아니라 사전 계획에 따라 생활하므로 자기 방해 행위를 피할 수 있다.

운동, 명상, 기도, 창의적 프로젝트 진행 등 다양한 활동이 아침 루틴이 될 수 있다. 모두 대단히 좋다. 하지만 아침 루틴에서 가장 중요한 부분은 일기 쓰기다. 목표를 글로 쓰면 머리로 생각할 때보다 명확해지듯이 일기 쓰기는 단순한 명상보다 효과가 크다.

명상과 기도는 일기 쓰기를 더욱 효과적으로 만들어주는 좋은 수단이다. 하지만 명상과 기도, 심상 기법은 그것만으로는 충분하지 않다. 글로 써야만 비로소 통찰을 얻고 목표가 명료해지며 구체적인 계획과 전략을 세울 수 있다. 통찰, 계획, 목표는 떠오르는 대로 적어야한다. 매일 기록해야 한다. 일기 쓰기는 다른 활동들의 효과를 열 배, 백 배 높여준다. 일기 쓰기를 병행하지 않는다면 명상, 심상 기법, 기도의 효과는 훨씬 떨어진다.

아침 루틴의 목적은 일의 우선순위를 정하는 데 있다. 당장 급한 일보다 인생에서 중요한 일에 먼저 집중하도록 하면 당신은 단순한 생존 모드에서 벗어나 삶에 엄청난 추진력을 얻을 수 있다. 추진력은 자신감을 낳고, 자신감은 점점 더 큰 꿈을 꾸게 하며, 조화로운 삶을 살게 한다.

운동과 창의적 프로젝트는 아침 활동으로 매우 적합하다. 하지만 그 전에 그날 어떤 상태로 활동하고 싶은지 계획하고 자신을 그 상태로 만드는 일이 선행되어야 한다. 이것이 명상과 일기 쓰기를 해야 하는 이유다.

당신의 의식과 잠재의식뿐 아니라 창의적 뇌와 에너지는 잠을 사고 난 직후에 최적의 상태가 된다. 목표 달성을 위해 잠재의식을 훈련시키려면 아침에 일기부터 쓰는 것이 필수다. 나폴레온 힐Napoleon Hill은 《생각하라! 그러면 부자가 되리라》The Master Key to Riches에서 "잠재의식은 가장 직접적이고 실용적인 방법으로 그에 상응하는 신체 상태를 만들어준다."고 했다. 아침에 일기를 쓰는 시간은 5~15분이면 족하다.

아침마다 제일 먼저 자신의 목표와 꿈을 기록하면 그 목표에 대한 믿음과 욕구가 깊어진다. 목표를 달성할 수 있다고 믿지 않는다면 달성하지 못할 것이다. 특정 목표의 달성을 진심으로 원하지 않는다면 실제로도 그런 일은 일어나지 않을 것이다. 그러므로 매일 아침 목표를 떠올리고, 목표 달성을 믿고, 이를 간절히 원하는 상태로 만들어야만 한다. 그러면 매일매일 목표에 대한 열정과 집중력이 떨어지지 않을 것이다.

목표를 쓸 때는 긍정적이고 명확해야 한다. 예를 들어 10만 달러를 벌거나 마라톤을 완주하고 싶다면 다음과 같이 쓰도록 하라.

- 나는 ○○○○년 ○○월 ○○일까지 10만 달러를 벌 것이다.
- 나는 ○○○○년 ○○월 ○○일까지 마라톤을 완주할 것이다.

매일 당신의 목표를 기록하라. 아침에 정신이 맑을 때 목표를 달성하기 위해 해야 하는 모든 일을 써야 한다. 여기에는 연락할 사람들도 포함된다. 이번 주에 해야 할 일뿐 아니라 그와 관련해서 오늘 해야 할 일도 포함된다.

날마다 일기를 쓸 수 있는
자기만의 공간을 만들어라

당신이 미래를 그리고 계획하며 중요한 결정을 내리고 신과 교감하려고 시도하는 등의 활동은 자기만의 공간에서 할 때 가장 효과적이다. 그렇다고 산에 오르거나 특별한 장소를 마련할 필요는 없다. 그저 명료하게 사고할 수 있는 정신 상태로 유도해주는 개인적인 장소면 된다.

내 경우는 자동차 안이 나만의 공간, 일상의 성지다. 집에서 멀리 떨어진 곳에 주차했을 때만 그렇다. 그래서 나는 매일 아침 집에서 차를 몰고 나가 다른 동네에 주차시키거나 조금 일찍 운동하러 가서 체육관 앞에 차를 세운다. 그런 다음 20~30분 정도 좋은 책을 읽고, 일기를 쓰고, 기도를 하고, 명상을 한다.

이 시간은 어김없이 내게 영감을 주고, 내가 원하는 삶의 방향으로 나를 움직이게 한다. 또한 한 달에 두세 번쯤은 몇 시간 동안 운전해서 개인적으로 의미 있거나 세상을 완전히 차단할 수 있는 장소를 찾는다.

나와 마찬가지로 배우이자 코미디언인 짐 캐리도 이 원리를 적용한 덕에 놀라운 기회들을 만들어낼 수 있었다. 캐리는 온 가족이 친척 집 정원에 폭스바겐 밴을 주차해놓고 생활했을 만큼 가난한 집에서 성장했음에도 불구하고 자신의 장래성을 믿었다. 1980년대 후반 캐리는 매일같이 차를 몰고 로스앤젤레스가 내려다보이는 언덕 꼭대기로 올라가서 영화감독들에게 인정받는 상상을 했다. 그곳은 그의 성지였다. 당시 그는 빈털터리인 무명의 젊은 희극배우였다.

1990년 어느 날 밤 로스앤젤레스를 내려다보며 자신의 미래를 꿈꾸던 캐리는 '출연료'라는 메모와 함께 자신 앞으로 1,000만 달러짜리 수표 한 장을 써서 지갑 안에 넣어뒀다. 발행 날짜는 1995년 추수감사절이었다. 자신에게 5년의 기한을 주었던 것이다. 그리고 1995년 추수감사절 직전에 그는 영화 〈덤 앤 더머〉Dumb and Dumber의 출연료로 1,000만 달러를 받았다. 그가 자신만의 성지에서 그렸던 꿈이 현실이 된 것이다.

+ Special Point +

우리는 지금 당장 급한 일보다 인생에서 중요한 일에 먼저 집중해야 한다. 그래야 인생 궤도를 바로 잡고, 그 방향으로 나아갈 수 있다. 자신이 원하는 삶의 방향으로 움직이고, 생존 모드에서 벗어나 추진력 있는 삶을 살고 싶다면 다음과 같은 일들을 실천해야 한다.

- 스스로를 들여다볼 자신만의 성지가 있는가?
- 명상과 생각, 기도, 구상을 할 장소가 있는가?
- 날마다 일기를 쓰는 것이 장기적 성공을 위한 기반으로 작용하는가?

- 정상 궤도로 가고 있는가?
- 스스로에게 시간을 주고 있는가?

6

삶의 불필요한 것들을
덜어내라

> 부자의 책상과 빈자의 책상을 보라.
> 부자의 책상엔 절대 너저분한 서류더미가 없다.
> __브라이언 트레이시Brian Tracy

영화 〈인터스텔라〉Interstellar의 후반부에 매튜 매커너히Matthew McConaughey (쿠퍼 역)와 앤 해서웨이Anne Hathaway(브랜드 역)는 블랙홀의 대기권에서 빠져나가려고 노력한다. 하지만 강한 중력이 그들을 끌어당긴다. 그들이 탈출하려면 최소한 블랙홀의 중력과 동일한 크기의 추진력이 있어야만 한다. 뉴턴의 운동 제3법칙에 따르면 모든 작용에는 크기가 같고 방향이 반대인 반작용이 존재한다.

두 우주비행사는 계획을 세운다(몇 년 전에 개봉한 영화에 이런 경고가 정말 필요한지 모르겠지만 스포일러 주의!). 그들은 우주선에 있는 로 켓들의 연료를 이용해 탈출하려 한다. 하지만 쿠퍼는 로켓 연료의 에 너지가 두 사람이 블랙홀의 대기권을 빠져나가기에 충분하지 않다는 사실을 알고 있다. 그는 브랜드를 구하기 위해 기꺼이 자신을 희생하 기로 결심한다. 로켓이 충분한 추진력을 얻었을 때 쿠퍼는 자신이 탑 승한 우주선 부분을 분리시켜 우주선의 무게를 줄였다. 그렇게 우주 선의 추진력을 높여 브랜드가 기지로 돌아갈 수 있게 한다.

뉴턴의 운동 제3법칙인 작용과 반작용의 법칙은 당신의 삶에도 적 용되는 중요한 원칙이다. 삶에 존재하는 모든 것에는 에너지가 있으 며, 따라서 크기가 같고 방향이 반대인 반작용이 생긴다. 예를 들어 옷장이 엄청난 수의 옷들로 넘쳐난다면 그만큼의 물리적 공간을 잃 는 셈이다. 그뿐 아니라 매일 아침 옷 하나를 찾기 위해 복잡한 옷장 을 뒤지느라, 또 내다 버려야 하지만 막상 버리기는 아쉬운 옷들을 어 떻게 해야 할지 생각하느라 정신적 여유를 빼앗긴다. 이 모두가 생각 보다 많은 에너지를 필요로 한다.

당신 안에는 억압된 감정도 많다. 모든 사람이 그렇다. 그리고 억 압된 감정들이 너무 강하게 붙잡고 있어서 현재의 환경에서 벗어나 기가 거의 불가능하다. 게다가 당신이 맺은 인간관계들 역시 당신을 지금의 환경에 계속 묶어둔다. 뉴턴의 운동 제3법칙을 상기하라. 현 재의 환경에서 벗어날 유일한 길은 당신을 지금의 환경에 붙잡아두 는 모든 에너지와 크기가 같고 방향이 반대인 반작용을 가하는 방법

뿐이다. 엄청난 힘이 필요하지만, 유감스럽게도 당신에게는 그 정도의 힘이나 에너지가 없다. 의지력으로 이미 익숙한 환경에서 벗어나기는 불가능하다. 중력이 막강한 힘으로 당신을 끌어당길 것이다.

현재의 환경에서 벗어날 유일한 방법은 〈인터스텔라〉에서처럼 무게를 줄이는 것이다. 당신을 현재에 묶어두는 과도한 에너지를 제거할 용의가 있다면 훨씬 작은 반작용으로 탈출할 수 있다. 다른 방법은 없다. 당신의 삶에서 아주 많은 것들을 제거해야 한다.

삶에서 과도한 짐을 제거하는 것은 수고로운 일이지만 그 수고를 마다한다면 훨씬 더 큰 대가를 치르게 된다. 하지만 사람들은 약간의 수고를 하고 평생 동안 혜택을 누리는 대신에 약간의 수고를 아끼고 평생 동안 고통과 좌절에 시달리는 어리석은 선택을 한다. 여러 회사의 창업자 겸 최고경영자인 게리 세이빈Gary Sabin은 사람들이 작은 수고를 아끼려다 자기 삶을 어떤 식으로 힘들게 만드는지, 그와 관련된 재밌는 이야기를 들려준다.

세이빈은 보이스카우트 대원들을 데리고 사막으로 야영을 간 적이 있다. 소년들은 커다란 모닥불을 피우고 그 옆에서 잠을 잤다. 다음 날 아침 세이빈이 잠에서 깨어 야영지를 살펴보는데 한 소년이 유독 초췌해 보였다.

그는 소년에게 잘 잤는지를 물었고, 소년은 "별로요."라고 대답했다. 세이빈이 이유를 묻자 "추웠어요. 모닥불이 꺼져서요."라는 말이 돌아왔다.

"모닥불이 밤새 타오르지는 않지. 침낭이 따뜻하지 않았나 보구나?" 세이빈이 물었다. 소년은 아무 말도 없이 조용히 앉아 있었고, 나른 소년이 큰 소리로 대신 대답했다. "쟤는 침낭을 안 썼어요."

"왜?" 세이빈이 믿을 수 없다는 듯 물었다.

침묵하던 소년이 마침내 멋쩍어하며 대답했다.

"그게… 도로 침낭을 접으려면 귀찮을 것 같아서 안 폈어요."

이 소년은 침낭을 접는 5분의 번거로움이 싫어서 몇 시간 동안을 추위에 떨었던 것이다.

이 아이처럼 행동하지 말자. 불필요한 고통에 평생, 아니 단 하룻밤이라도 시달릴 필요는 없다. 발목에 채워진 족쇄가 가벼워지도록 미리 노력하라. 당신이 성장할 수 없는 대기권으로 강하게 끌어당기는 중력을 제거하라.

변화에는
항상 어려움이 따른다

더 나은 사람이 되기는 어렵다. 지금의 모습이 곧 당신이다. 당신의 환경은 당신이 만든 산물이다. 바깥에 있는 누군가가 환경을 바꿔주어도 당신은 금방 지금의 환경으로 돌아올 것이다. 그래서 복권에 당첨된 사람 대부분이 금세 도로 가난해진다.

병아리는 힘겹게 알껍데기를 깨고 나온다. 그 모습을 보고 있노라면 대신 알껍데기를 깨뜨려 병아리를 도와주고 싶은 마음이 들 수도 있다. 하지만 그것은 결코 병아리를 돕는 것이 아니다. 오히려 병아리를 죽게 만들 수도 있다. 알껍데기를 깨고 나오려 안간힘을 쓰면서 병아리는 생존에 필요한 힘을 얻기 때문이다.

그런 과정을 겪지 않는다면 병아리는 약하고 의존적인 존재가 되어 살아남지 못한다. 마찬가지로 당신도 껍질을 깨고 나오려면 고군분투해야만 한다. 당신을 잡아당기는 중력을 능가하는 추진력을 얻기 위해 애써야 한다.

자신을 현재의 삶에서 분리시키기는 어렵다. 뭔가 이득이 없다면 당신은 지금처럼 살지 않았을 것이다. 그 이득을 인정하라. 당신이 지금의 삶을 즐긴다는 사실을 인정하라. 그렇지 않았다면 오래 전에 당신은 자신의 환경을 바꿨을 것이다. 당신은 지금의 삶이 편안하다. 따라서 감정적으로 현재 당신의 정체성을 구성하는 요소들을 제거하기는 어려울 것이다. 그것은 당신의 물리적 소유물, 인간관계, 방해 요인들, 기대, 핑계, 이야기 등이다.

그러나 보다 나은 수준으로 진화하고 싶다면 그것들을 놓아야 한다. 때로는 되돌아가고 싶은 유혹도 느낄 것이다. 하지만 그런 유혹에 굴복한다면 현재의 환경에서 벗어날 수 없다. 결국 더 큰 가능성이 있는 환경으로 들어가지 못하게 된다.

풍요로운 삶을 원한다면
불필요한 물건들을 없애라

소유물이 적을수록 미래에 더 많은 것을 소유할 가능성이 커진다. 맑은 정신을 가지려면 환경부터 깨끗이 정리해야 한다. 정기적으로 사용하지 않는 모든 것을 없애라. 옷장부터 시작하라. 지난 60일 동안 입지 않았던 모든 옷을 없애라.

주방을 정리하라. 정말 필요한 식품 이외의 것들은 전부 치운다. 정크푸드가 당신의 주방에 있다면 결국에는 먹게 된다. 하지만 주방에서 없어진다면 그에 대해 더 이상 생각하지 않을 것이다. 의지력은 소용이 없다. 당신은 수년간 부질없는 논쟁으로 자신을 속여왔다. 당장 실행하라. 주방으로 가서 커다란 쓰레기 봉지를 꺼내 그 안에 당신이 원하지 않는, 불필요한 식품을 전부 버려라. 기분이 정말 좋아질 것이다.

자동차를 갖고 있다면 차 안도 정리하라. 차는 쓰레기통이나 여분의 옷장이 아니라 교통수단이어야 한다. 당신의 물리적 공간은 당신의 정신 상태와 거의 비슷하다고 보면 된다. 당신의 환경이 정리되지 않았다면 당신의 정신도 그렇다. 모든 것에는 에너지가 있다. 의식하든 못하든 환경은 당신에게 끊임없이 영향을 미친다.

창고가 있다면 그곳도 정리하라 자선단체에 기부하거나 중고 판매점으로 보내거나 내다버려라. 당신이 필요로 하고 정말 중시하는 물건들만 놓아두라. 물건이 생기는 대로 쌓아두지 말라. 사람들은 단지 자신이 소유하고 있다는 이유만으로 물건의 가치를 과대평가한다. 이런 터무니없는 행동에 빠지지 마라. 정리하라. 인생의 정원을 깨끗이 가꿔라. 환경 안에 떠다니는 무의미한 쓰레기로 인해 5분이라도 허비한다면, 그것이 당신이 원하는 중요한 목표를 달성하지 못하게 막는 원인이 될 수도 있다.

가장 기본적인 수준의 정리는 한계를 정하는 것이다. 생산성과 기술 전문가인 아리 마이젤Ari Meisel은 《더 적게 일하고 더 많이 누리기》Less Doing, More Living에서 삶을 체계화하기 위해서는 모든 일에 상한선과 하한선을 설정해야 한다고 주장한다.

마이젤은 하고 싶은 대로 하도록 내버려두면 자신은 금세 전자기기 수집광이 된다고 했다. 그는 벽장 한가득 전력 케이블과 전자기기들을 갖고 있었다. 그러나 인생의 무게를 줄이고 불필요한 물건들을 없애기로 결심하자마자 소유할 수 있는 전자기기에 한계를 설정했다. 그는 신발상자 하나 분량이면 충분하다고 결정했다. 신발상자가 다 찼는데 사고 싶은 물건이 생긴다면 기존의 물건을 버리거나 팔아야만 했다. 그 신발상자는 전자기기에 대해 정해둔 그의 한계였다. 그리고 그 한계는 그의 전자기기들이 더 이상 늘어나지 않도록 깔끔하게 정리시켜줬다.

다음은 생활을 더욱 잘 정리하기 위해 설정할 수 있는 한계의 예들이다.

- 절대로 메일 수신함에 50통 이상의 메일을 보관하지 않는다.
- 절대로 1주일에 40시간 이상 일하지 않는다.
- 절대로 하루에 10분 이상 페이스북을 사용하지 않는다.
- 절대로 한 달에 4,000달러 이상 지출하지 않는다.
- 절대로 1주일에 3번 이상 외식하지 않는다.

상한선은 명백하다. 당신이 넘어서는 안 될 선이다. 하한선 역시 매우 유용할 수 있다. 이는 초과해도 괜찮은 기준선이다. 하지만 하한선 아래로 내려가서는 안 된다. 하한선의 사례로는 다음과 같은 것들이 포함될 수 있다.

- 한 달에 최소 한 번은 여행을 간다.
- 1주일에 최소 40킬로미터는 달린다.
- 1주일에 최소 한 번은 요리를 한다.

진심으로 정돈된 생활을 원한다면, 생활의 거의 모든 측면에 한계를 정해야 한다. 적어도 당신이 최우선순위를 두는 사항들에는 한계를 정해둘 필요가 있다. 개인적으로 나는 미니멀리즘을 추구하므로 물건들에 한계를 두는 것은 그리 어려운 일이 아니다. 하지만 한 가지 통제하지 못하는 게 있다. 바로 책이다. 그래도 니는 가질 수 있는 송이책의 수에 한계를 정했다. 그리고 그 한계를 넘는 순간 몇 권을 팔거나 나눠준다. 내가 정한 한계 중에는 시간과 관련된 것들도 많다. 일하는 시간, 아이들과 보내는 시간, 명상과 기도를 하는 시간, 여행을 가는 빈도 등. 물리적 환경 역시 한계 설정이 중요하다. 당신의 환경이 지저분하면 마음도 어수선할 것이다. 모든 것이 당신이 지고 다녀야 할 짐이다.

이 주제에 관한 가장 좋은 책을 찾는다면 곤도 마리에의《인생이 빛나는 정리의 마법》과 그레그 맥커운Greg McKeown의《에센셜리즘 : 본질에 집중하는 힘》Essentialism : The Disciplined Pursuit of Less을 읽어보라.

주의를 분산시키는 요인을 제거하라

도파민은 즐거움을 느끼게 하는 뇌의 신경전달물질이다. 이는 우리가 옳은 선택을 하는 데 도움을 준다. 하지만 유감스럽게도 과도한 자극이 주어지는 요즘에는 대다수 사람들의 도파민 분비에 교란이 일어나고 있다. 사람들은 순간적 도파민 증가에 중독되었다. 모든 환경이 무언가에 최적화되어 있어서 도파민 분비를 촉발하는 자극제들로 가득하다. 사람들의 뇌는 도파민에 의존하게 되었다. 그리고 환경은 그 의존성을 더욱 높인다. 악순환이다.

도파민 의존성은 현실에서 어떤 식으로 나타날까? 그것은 실제로

해야 할 일에서 잠시 주의를 분산시키는 오락의 형태로 등장한다. 직장에서 일을 하다 어려움에 부닥치거나 지루해지기 시자하면 당신은 무엇을 하는가?

아마도 일을 붙들고 있으려 애쓰기보다 다른 데로 주의를 돌릴 것이다. 어떻게? 이메일 또는 소셜미디어를 확인하거나 별 생각 없이 몇 분간 포털사이트를 돌아다닐 것이다. 달콤한 과자나 탄수화물 가공 식품을 집어들 수도 있다. 이러한 모든 행동이 뇌의 쾌락 중추에 일시적인 보상을 제공한다. 다시 말해 이 행동들 각각이 도파민을 분비시킨다.

도파민은 코카인 및 다른 유해 약물을 복용할 때도 분비되는 화학물질이다. 이것은 일시적으로 기분을 좋게 해준다. 즐거움을 준다. 그러나 그 즐거움은 오래 지속되지 않는다. 마치 도넛의 단맛이 금방 사라지고 장기적 부작용만 남기는 것과 같다. 일시적으로 급등했던 도파민도 곧 감소하고 갈증만을 남긴다. 결국 도파민에 대한 뇌의 의존성만 커질 뿐이다.

스마트폰을 갖고 있다면 당신이 하려는 일에 도움이 되지 않는 앱들을 전부 삭제하라. 그것들은 도움이 되지 않는다. 마음 정원을 어지럽히는 잡초들이다. 스마트폰도 가능한 멀리하라. 특별히 스마트폰이 필요하지 않다면 일을 하는 동안에는 차에 두는 것도 좋다. 가족과 함께 있을 때는 출퇴근용 가방에 넣어둬라. 다음 날 스마드폰이 필요하면 그때 꺼내면 된다.

도파민 중독과 감각적 쾌락 추구가 미국인의 1순위 목표가 되었다. 예전에는 보다 나은 미래를 위해 순간의 쾌락을 포기하고 배움에 힘쓰는 데 적합한 환경이었지만 지금은 현재를 즐기라는 메시지에 압도당하고 있다. 사람들은 정확히 그렇게 살고 있다. 방해 요인을 헤치고 깊이 들어가 문제를 해결하지 않고 그냥 지금 이 순간을 즐긴다. 그 결과 무언가 짜증스럽거나 힘들어질 때마다 신경을 분산시켜줄 도파민으로 스스로를 마취시킨다. 대부분 보다 나은 미래를 포기하고 순간의 만족에 빠진다.

목표에 전념할 수 있게
나쁜 선택지를 제거하라

선택의 폭이 넓어지면 당신은 결정을 내리는 데 어려움을 겪을 것이다. 배리 슈워츠Barry Schwartz 박사는 《점심 메뉴 고르기도 어려운 사람들》The Paradox of Choice 에서 선택지가 많은 것이 좋은 일이 아니라며 그 이유를 이렇게 설명한다.

너무 많은 선택지는 당신을 우유부단하게 만들고 종종 뜨뜻미지근한 태도를 갖게 한다. 경쟁적 선택지가 너무 많으면 자신이 내린 선택에 만족하지 못한다. 결국 자신의 선택에 완전히 충실하지 못하고 항상 뒤돌아본다.

마이클 조던은 "저는 일단 결정을 내리면 두 번 다시 생각하지 않습니다."라고 말했다. 그것이 자신감이며 지기 신뢰다. 놓친 것에 대한 두려움은 없다. 자신의 판단에 대한 의문도 없다. 그는 자신이 원하는 것과 원하지 않는 것을 잘 안다. 자신이 한 모든 선택에서 다른 수많은 선택이 가능했다는 점도 인식하고 있다.

모든 선택에는 기회비용이 수반된다. 전부를 가질 수는 없다. 그러나 특정 선택에 전념할 때는 그런 사실이 문제가 되지 않는다. 진정한 가치를 지닌 모든 것에는 희생이 따르므로 그런 현실을 사실상 받아들인다. 그리고 괜찮다고 생각한다. 그런 이유 때문에 당신이 눈부신 업적을 달성하는 동안 다른 대부분의 사람은 사소한 결정과 공허한 약속에 둘러싸여 갈팡질팡한다.

당신의 생활에서 선택지를 줄일 수 있다면 좋다. 그러려면 무엇을 원하는지, 최소한 어떤 방향으로 가고 있는지를 알아야 한다. 성공은 그리 어렵지 않다. 그저 한 방향으로 20걸음만 가면 된다. 그러나 많은 사람들이 20갈래 방향으로 한 걸음만 간다. 성공하려면 헛되이 붙들고 있는 것들을 과감히 놓아야 한다.

어떤 목표를 이루기 위해 전념하다 중요한 결심을 할 때가 있다. 그러면 그때부터 다른 결정을 할 필요가 없어지거나 결정이 쉬워진다. 예를 들어 건강해지고 싶다면 몸에 해로운 음식을 집에서 없애버리면 된다.

우리가 집에서 설탕을 추방하기로 결정했을 때 아이들은 그 사실을 거의 눈치 채지 못했다. 여전히 식탁에는 음식이 오르고 냉장고에는 간식이 있었기 때문이다. 환경이 설탕을 먹지 않도록 했으므로 그들의 의지력은 영향을 받지 않았다. 나쁜 선택지를 제거하면 의지력과 작업기억에 부담을 주지 않을 수 있다.

이상한 이야기 같겠지만 사실 당신은 미래의 결정을 어느 정도 제한하고 싶을 것이다. 당신이 할 수 있는 일 중에서 일부의 일에 제약을 두고 싶을 것이라는 말이다. 왜냐하면 그 제약들이 궁극적으로는 자유를 준다는 사실을 알기 때문이다. 또한 그런 결정 덕분에 많은 사람들이 시달리는 불필요한 고통과 산만함을 피하게 되리라는 것도 알고 있다.

간단한 예를 들어보자. 나는 절대로 술을 마시지 않겠다고 결심했다. 그렇다고 내가 술을 마시는 이들을 부정적으로 본다는 것은 아니다. 금주는 내 생활을 단순화해주고 내 비전을 명확하게 해준다는 판단에서 내린 결정이다.

선택지가 적을수록 확고한 선택을 할 수 있다. 주의를 분산시키는 선택지들을 제거하라. 기회비용을 받아들여라. 무언가를 놓치지 않을까 하는 두려움을 버려라. 깊이 생각하라. 당신의 삶에서 모든 내적 갈등을 없애라. 정리된 정원이 얼마나 풍성한 결실을 맺는지, 또 자신이 가장 중요시 여기는 가치나 열망과 일치하는 환경을 조성하면 얼마나 평화로운지 놀랄 것이다. 당신이 여기 오기까지 기울인 모든 노력에 대해 감사하게 될 것이다.

자신에게
해로운 사람을 멀리하라

사람들은 생기를 채워줄 수도 있고 생기를 앗아갈 수도 있다. 미국의 교육자이며 대학 총장을 역임한 제프리 홀랜드Jeffrey Holland는 수년 동안 학교에서 무시당했던 한 청년의 이야기를 한 적이 있다. 그 청년은 성인이 되자 군에 입대했다. 고향을 떠나 있는 동안 많은 성공 경험을 했고, 훌륭한 교육도 받았다. 그는 과거에서 벗어나 새로운 사람이 되었고, 리더가 되었다.

그리고 몇 년 후 청소년기를 보낸 마을로 돌아왔다. 그는 달라졌지만 예전과 같은 사고방식이 그를 기다리고 있었다. 고향 사람들에게는 여전히 이 청년이 그곳을 떠나기 전과 똑같아 보였다. 그들은 그의 변신을 알아차릴 수 없었다. 그들의 패러다임은 그대로 고정돼 있었으므로, 예전처럼 그를 함부로 대했다. 애석하게도 이 청년은 그 환경에 다시 적응했다. 예전처럼 소극적이고 불행한 사람이 되었다. 그가 원점으로 돌아간 것은 그의 잘못이다. 그가 자신을 무시하는 그 사람들을 가까이하기로 선택했기 때문이다.

내 소중한 친구 가운데 한 명은 몇 달에 한 번씩 전화해서 이렇게 말한다. "지금이 절호의 기회야! 이번에야말로 내 목표를 달성하고 인생을 바꿔놓을 거야." 그녀가 정말 진지하게 이야기해서 나는 더욱 화가 난다. 그녀는 원대한 꿈과 놀라운 재능과 타의 추종을 불허하는 카리스마를 갖고 있다. 자신이 원하는 것은 뭐든 이룰 수 있는 그런 사람이다. 아마도 쉽게 성공할 수도 있었을 것이다. 하지만 그런 일은 결코 일어나지 않았다.

그녀는 10년 넘게 지속된 틀에 박힌 생활에서 벗어나기를 간절히 원한다. 하지만 자신을 붙들어 매는 복잡한 인간관계에서 벗어나지 못했다. 평범한 사람들에 둘러싸인 생활이 너무나 편안했다. 그래서 스스로를 그 감옥에 가뒀다. 10년 전보다 자신의 꿈에 조금이라도 가까워졌는지 알고 싶으면 꿈을 이루는 데 도움이 되는 사람들과 어울린 때가 언제인지 스스로에게 물어보기만 하면 된다. 하지만 그렇게 하지 않았다. 당연히 그녀의 목표와 상충되는 모든 인간관계를 정리하겠다는 결심도 하지 못한다.

친구, 가족처럼 중요한 사람을 당신의 삶에서 제거하기란 불가능하다. 그들을 멀리하거나 영원히 버리라는 것이 아니다. 당신이 돕고 지원하고 싶은 사람이라면 특히 그렇다. 다만 서로 부정적으로 적응하지 않도록 경계해야 한다는 말이다. 사실 당신은 결코 그들을 변화시킬 수 없다.

스트래티직 코치의 설립자인 댄 설리번Dan Sullivan은 "당신의 과거보다 당신의 미래를 일깨워주는 사람들과 가까이 하라."고 했다. 당신이 할 수 있는 최선은 그들에게 그들의 미래를 일깨워주는 모범이 되는 것이다. 당신이 도달해야 한다고 믿는 수준 이하로 살아서는 결코 좋은 본보기가 될 수 없다.

필요한 일이라면
당장 실행하라

작업기억은 단기기억을 말한다. 작업기억 속에 정보를 담아두려 하면 손실이 많다. 한정된 기간 동안 작업기억 속에 무언가를 계속 넣어두려 한다면 결국에는 잊어버릴 수도 있다. 또 기억하는 데 집중하느라 사고가 막히고 어수선해져 엄청난 기회비용을 치르게 된다. 머릿속에 있는 아이디어를 기억하느라 새로운 통찰을 얻을 기회를 잃게 되기 때문이다.

그뿐인가? 숙고와 반성도 하지 못한다. 소변을 참는 데 집중하느라 다른 일을 아무것도 하지 못하는 것과 비슷하다. 당신의 사고를 그런 식으로 억압하지 마라. 통찰이나 아이디어를 얻으면 즉시 기록하라. 종이에 쓰거나 녹음을 하라. 작업기억 공간을 비울 수 있도록 생각을 환경에 맡겨라.

당신 역시 소통을 미루는 일이 종종 있을 것이다. 아마도 게으름 때문일 것이다. 나는 최근에 한 친구와 2주 후 주말에 영화를 보러 가자고 약속을 잡았다. 우리는 각자 일정을 확인하고 날짜를 정했다. 그런데 그날 집에 돌아온 나는 친구를 만나기로 한 주말에 우리 가족이 시외로 소풍을 가기로 했다는 사실을 깨달았다.

친구에게 바로 문자를 보내는 대신에 1주일을 미적거렸다. 약속은 2주 후였으므로 좀 더 있다 연락해도 된다고 생각했다. 급한 일이 아니라는 생각에 계속 연락을 미뤘다. 쓸데없이 1주일 동안 '타일러에게 영화 보러 못 간다고 이야기해야 해'라는 생각을 머릿속에 담아둬야 했다. 약속을 지킬 수 없다는 것을 깨달은 즉시 그에게 문자를 보냈다면 모든 일이 빨리 정리됐을 것이다. 다시는 그 생각을 하지 않았을 것이며, 타일러는 더 좋은 계획을 미리 세울 수 있었을 것이다. 그러나 나는 그렇게 하지 않았다. 시간이 오래 걸리지 않는 일이라면 당장 실행에 옮기도록 하라.

원활하지 못한 소통은 체계적이고 명확한 환경을 가질 수 없도록 가로막는 가장 큰 장애물이다. 당신의 삶은 당신의 기준이 낳은 산물이다. 당신이 불분명한 소통을 개의치 않는다면 사람들과의 불분명한 관계로 어려움을 겪게 될 것이다. 그리고 그 대가는 클 것이다.

당신 인생에 들어온 사람들을 존중하고, 당신의 작업기억을 비우는 일에 주의를 기울여라. 다른 사람들에게 필요한 정보를 갖고 있을 때 신속하고 솔직하게 연락하는 습관을 들여라. 며칠 여유가 있다고 연락을 미루지 마라. 지금 당신의 머리에서 그 정보를 지우고, 상대에게 정보를 처리할 시간을 더 주도록 하라.

-------------------------------- (+ Special Point +) --------------------------------

방해 요인을 제거하는 것은 전진을 위한 추진력을 얻는 가장 빠른 길이다. 현재의 환경을 초월하기 위해서는 당신을 현재의 환경에 묶어두는 쓸데없

는 짐을 없애야 한다. 그러려면 약간의 노력이 필요하다. 하지만 작은 노력으로 훨씬 큰 보답을 받을 수 있다. 당신의 생활에서 삭제해야 할 것들은 다음과 같다.

- 물건들
- 주의를 분산시키는 모든 요인들
- 마음이 끌리지만 궁극적으로 잘못된 결정들
- 의미가 없는 사람들
- 결코 하지 말았어야 할 약속들
- 작업기억의 부담

7

기본 선택지를
변경하라

습관을 조심하라. 운명이 된다.
__ 마거릿 대처Margaret Thatcher

나이프, 포크 등을 넣어두는 서랍을 바꿨을 때 얼마나 지나야 무심코 예전 서랍을 열지 않을까? 아마도 그리 오랜 시간이 걸리지는 않을 것이다.

기본 선택지의 변경은 즉각적인 행동 변화를 가져오는 손쉬운 방법이다. 사람들은 대체로 가장 먼저 주어지는 선택지를 고른다. 대부분의 환경에서 무의식적으로 택하는 선택지는 대체로 최적의 선택과는 거리가 멀다. 그러니까 사람들이 별다른 의식 없이 보통의 성과를 내는 이유는 환경이 그렇게 설정되어 있기 때문이다.

러트거스대학교에서는 컴퓨터실에서 낭비되는 종이가 너무 많다는 판단을 내린 후에 프린터의 기본 옵션을 양면 인쇄로 바꿨다. 이 간단한 조치를 시행한 직후, 한 학기 동안 739만 1,605장의 종이가 절약됐다. 대략 1,280그루의 나무를 구하는 효과를 얻었다. 학생들은 특별히 선호하는 인쇄 방식이 없었고, 달라진 것은 이제 한 면만 인쇄하려면 한 면 인쇄 옵션을 일부러 선택해야 한다는 점이었다. 종이를 절약하는 선택지를 기본 옵션으로 정하자 많은 사람들이 그것을 선택했다. 그리고 그 어떤 강제나 힘겨운 노력 없이 아주 쉽고 자연스럽게 모두가 종이를 절약하는 일을 실천하는 셈이었다.

당신의 기본 선택지는 무엇인가?

요즘 사람들의 기본 선택지는 산만함이다. 저녁이면 우리는 과자를 집어 들고 TV를 켠다. TV와 과자를 없앤다면 무엇을 할까? 훨씬 더 생산적인 일을 할 수 있지 않을까? 아내와 나는 우리 생활에서 광고를 없애기로 했다(보통 미국인들은 평생 광고를 시청하며 보내는 시간이 4년이나 된다). 우리가 선택한 방법은 케이블 방송을 해지하고 로쿠 스마트TV를 이용하는 것이었다.

기본 선택지로 설정된 행동들의 문제는 외부 환경에 뿌리를 두고 있다는 점이다. 그 행동들이 기본 선택지가 된 데는 이유가 있다. 그것이 환경에 의해 무의식적으로, 습관적으로 행해지는 행동이기 때문이다. 그러므로 기본 선택지를 바꾸려면 환경을 바꿔야 한다.

새로운 선택들이 고착되면
중독이 된다

1970년대 캐나다의 심리학사 브루스 알렉산더Bruce Alexander는 중독의 본질에 대한 이해를 높이기 위해서 쥐를 대상으로 실험했다. 그는 쥐 한 마리를 작은 우리에 넣었다. 우리 안에는 물이 든 병 하나와 헤로인 또는 코카인이 첨가된 물이 든 병 하나, 이렇게 두 개의 병이 있었다. 쥐는 거의 100퍼센트 마약 병에 들러붙어 그 물을 마시다 죽어갔다.

알렉산더 박사는 왜 이런 결과가 발생하는지 오랫동안 고민했다. 그리고 그가 새롭게 설계한 1978년의 후속 실험은 마약 중독에 대한 우리의 이해에 혁명을 가져왔다. 그와 동료들은 일반 실험실용 쥐 우리의 면적보다 200배 이상 넓은 우리를 만들고 그 안에 쥐들을 풀어놓았다. 그들은 이 '쥐 공원' 실험을 마무리 지으며 당시로서는 획기적인 결론을 내놓았다. 개인의 환경과 중독 간에 상관관계가 있다는 것이었다.

쥐 공원 안에는 쥐들이 흥미를 느낄 만한 치즈, 장난감, 뛰어다닐 공간, 탐색할 관 등이 많이 있었다. 가장 중요한 점은 같이 어울릴 쥐들이 많았다는 것이다. 물론 보통 물이 든 병과 마약이 첨가된 물이 든 병도 제공되었다. 그러자 흥미롭게도 쥐 공원에서는 쥐들이 마약이 든 물을 거의 마시지 않았고 일반 물을 선호했다. 작은 우리 안에 혼자 갇혀 있던 쥐들처럼 충동적으로 마약이 든 물을 마셔댄 쥐도, 마약이 든 물을 과다 섭취한 쥐도 없었다.

이 쥐 실험 결과와 유사한 현상이 사람들에게서 관찰됐던 사례도 있다. 첫 번째는 베트남 전쟁 참전 미군들 사이에 확산된 마약 중독이었다. 270만 파병 군인의 거의 20퍼센트가 파병 기간에 헤로인에 중독됐다.

이런 상황에 대응해 리처드 닉슨 대통령은 마약 중독 퇴치를 전담할 약물 남용 방지 특별 기구를 설립하겠다고 발표했다. 닉슨은 예방과 재활 프로그램이 마련되자 마약에 중독된 파병 군인들을 귀국 후에도 추적 연구하라고 지시했다.

저명한 정신과 연구자인 리 로빈스Lee Robins에게 그 연구가 맡겨졌고 군인들과 광범위하게 접촉할 권한이 부여됐다. 그녀는 베트남에 있는 모든 군인들의 약물 검사를 했다. 아니나 다를까 거의 20퍼센트가 스스로 헤로인 중독이라고 밝혔다. 중독된 군인들은 헤로인이 체내에서 다 빠져나갈 때까지 베트남에 체류해야만 했다. 그런 다음 귀국해서 생활하는 동안에도 계속 추적 관찰됐다. 그런데 베트남에서 헤로인에 중독됐던 군인들 중 겨우 5퍼센트만 귀국 후에 다시 중독에 빠졌다는 결과에 로빈스는 놀랐다.

과학적으로 이해가 되지 않는 결과였다. 이 연구의 가정은 군인들의 뇌는 헤로인에 의존성이 생겨서 충동적으로 다시 중독에 빠질 수밖에 없다는 것이었다. 사람들은 연구의 타당성에 의문을 제기했다. 약물 남용 방지 특별 기구의 수장이었던 제롬 자페Jerome Jaffe 는 당시 리 박사의 상황에 대해 이렇게 말했다.

"모든 사람이 그녀가 거짓말을 하고 있거나, 어떤 실수를 저질렀거나 또는 정치적 영향력에 휘둘렸다고 생각했습니다. 한동안 그녀는 연구 결과가 진실이라고 강변하며 싸워야 했습니다."

베트남에서 마약에 중독됐다고 해서 미국으로 돌아온 후에도 중독자가 되는 것은 아니었다.

45년이 지난 지금은 리 박사의 연구 결과가 널리 받아들여지고 있다. 사람들의 행동 중 상당수가 환경에 의해 자극을 받아 무의식적으로 행해진다. 혐오하거나 혹은 하고 싶지 않은 행동조차 그렇다. 데이비드 닐 박사는 "흡연자에게는 평소 담배를 피우러 갔던 건물 주차장 입구의 풍경이 담배를 피우라는 강력한 자극 단서가 된다."고 했다. 자극 단서에 의한 행동이 자주 반복됐을수록 그 자극에 저항하기는 더 어려워진다. 이때는 주차장의 다른 출구를 기본 선택지로 변경함으로써 흡연을 유발하는 자극을 없앨 수 있다.

웬디 우드 박사는 환경의 자극 단서들이 그처럼 강력한 영향을 미치는 데는 중요한 이유가 있다고 설명한다. "우리는 환경에 의해 압박받고 있다고 느끼지 않는다. 하지만 사실 우리는 환경에 통합되어 있다." 닐과 우드 두 사람 모두 중독이나 모든 바람직하지 않은 행동을 변화시킬 최상의 방법으로 환경의 차단을 제안한다.

한밤중에 간식을 먹는 경우, 당신이 오른손잡이라면 왼손으로 집어 먹는 것과 같은 작은 변화로도 충동을 억제할 수 있다. 작은 변화의 순간이 전전두엽피질에서 당신이 하려는 행동이 정말로 원하는 일인지 고려할 시간을 주기 때문이다.

베트남 파병 군인들의 마약 중독 재발 비율이 낮았던 이유는 무엇일까? 베트남에서 중독 증상을 치료받은 후에 마약에 중독됐던 환경과는 근본적으로 다른 '집'이라는 안정된 환경으로 돌아왔기 때문이라는 것이 주요 학설이다.

중독도 다른 행동처럼 환경의 영향을 받는다. 특정 상황에서는 중독이 기본 선택지지만 다른 상황에서는 중독이 선택지에 들어 있지도 않다. 흡연자도 특정 활동을 할 때 또는 특정 상황에서는 흡연에 대한 생각조차 하지 않고 몇 시간을 보낼 수 있다. 흡연자 대부분이 비행기를 타고 있는 동안에는 심한 흡연 욕구를 경험하지 않는다고 인정한다. 그 상황에서는 흡연이 선택지가 될 수 없기 때문이다.

유해한 환경에서
벗어나는 방법

우리는 중독 문화 속에서 살고 있다. 각종 자극으로 가득한 환경이므로 당신이 환경을 감독하지 않는다면 생활은 점점 엉망진창이 될 수밖에 없다. 사람들의 기본 선택지는 자극에 반응하는 삶이다. 나들 문자와 이메일 및 다른 알림에 응답하기 바쁘다. 우리를 둘러싼 환경은 너무 요구가 많고 양극화되어 있다. 게다가 간섭이 심해 결코 무시할 수가 없다. 우리 모두는 그런 자극들에 의존하고 중독되며 망가진다.

자유와 번영의 가능성이 지금보다 컸던 적도 없지만, 지금보다 얻기 어려웠던 적도 없다. 피터 드러커의 말을 인용하자면 "몇 백년 후에 장기적 시각에서 우리 시대의 역사를 기록할 때, 역사가들이 꼽을 가장 중요한 사건은 기술도 아니고, 인터넷도 아니고, 전자 상거래도 아닐 것이다. 그것은 바로 인간 생활의 유례없는 변화일 것이다. 말 그대로 처음으로 선택권을 가진 사람들의 숫자가 크고 빠르게 증가하고 있다. 그들은 스스로를 관리해야만 한다. 그러나 사회는 거기에 대한 준비가 전혀 되어 있지 않다."

환경을 전면에 내세우지 않는 자기계발 전략은 잘못된 것이다. 온 세상의 정보가 사람들의 손끝에 달려 있지 않았던 이전 시대였다면 그런 전략이 유용했을 수도 있다. 하지만 지금은 유혹이 너무나도 강하고, 도파민에 대한 의존성이 너무 뿌리 깊다. 슬프게도 미래 세대의 대다수는 제대로 인생을 살아보기도 전에 실패하게 되어 있는 것처럼 보인다. 자신의 환경을 만들어나가는 데 극도로 주의하지 않는다면 젊은 세대에게 희망은 별로 없다.

우리 문화의 가장 보편적이고 중독성 있는 기본 선택지는 기술, 일, 음식, 약물, 음란물, 사람이다. 무의식적인 중독 행동으로 이끄는 환경의 자극들을 끊어내야만 한다. 우리 문화는 점점 더 우리를 고립시키는 방향으로 가고 있다. 중독이 전염병처럼 번지고 있다. 인간관계의 질과 친밀감을 심화시켜야 한다. 당신이 좋은 사람들과 깊이 있고 의미 있는 관계를 맺는다면 유해한 중독에 빠질 확률은 훨씬 낮아진다.

다음은 유해한 환경에서 벗어나는 데 필요한 네 가지 원칙이다.

원칙 1 : 환경의 노예가 되어서는 안 된다

만일 평범한 사람이라면 당신이 기술을 조작하는 게 아니라 기술이 당신을 조작하고 있다. 당신은 잠에서 깬 지 몇 초 안에 기술이라는 주인의 노예가 된다. 근무 시간에도 오랜 시간 집중하지 못하고 이메일이나 소셜미디어, 재미있는 인터넷 기사 등을 통해 도파민이 분비되도록 한다.

한 조사에서는 사람들이 하루에 평균 85분 이상 스마트폰을 확인하고, 다섯 시간 이상 인터넷 정보를 검색하거나 앱을 사용한다고 보고했다. 재미있는 사실은 사람들이 실제로는 자신이 생각하는 빈도의 두 배 이상 스마트폰을 확인한다는 것이다. 당신이 빨간 신호등에 멈춰 서서 스마트폰을 들여다보지 않았던 때가 언제였는가?

이런 무의식적인 행동들은 다른 생활 영역에도 영향을 미친다. 우리는 총체적 시스템이기 때문이다. 생활의 어떤 부분도 분리해서 생각할 수 없다. 무의식적으로 몇 시간씩 전자기기를 사용한다면 어떻게 자신의 일과 인산관계에 몰두할 수 있겠는가? 불선선한 스마트폰 사용은 다음과 같은 결과들을 초래한다.

- 우울, 불안, '주간 기능 장애'daytime dysfunction의 증가
- 수면의 질 저하
- 심리적, 정서적 행복의 감소
- 정서지능의 하락
- 부정적 스트레스의 증가
- 학생의 경우, 학업 성적의 하락

부모가 사려 깊게 스마트폰을 사용할 경우 그 자녀도 전자기기를 건전하게 사용할 가능성이 훨씬 높다는 연구 결과가 있다. 그와 반대로 부모가 즉각적이고 충동적으로 스마트폰을 사용한다면 어떻게 자녀가 다르기를 기대할 수 있겠는가? 부모들은 자녀들에게 지시는 매우 잘하지만 그 조언을 자신들은 실천하지 못한다. 스마트폰뿐 아니라 다른 일들에서도 마찬가지다. 자녀들의 주요 학습 방법은 관찰과 모방이다. 부모의 행동은 자녀들의 행동 기준이 된다.

잠자기 한두 시간 전의 노트북과 스마트폰 사용이 수면에 부정적인 영향을 미친다는 연구 결과도 있다. 좀 더 구체적으로 말하면 이렇다. 잠자기 한두 시간 전부터 전자기기의 화면을 쳐다보지 못하도록 하자 사람들의 수면의 질이 상당히 개선되고 '수면장애'가 감소했다는 것이다. 연구자들은 "우리는 건전한 정신과 건강을 위해 잠자기 전에 스마트폰과 노트북의 사용을 제한해야만 한다."고 말한다.

1주일에 하루는 자신에게 회복할 시간을 주어야 한다. 당신에게

주는 휴식의 날이다. 휴식의 날을 둔다면 당신은 틀림없이 훨씬 더 열심히 효율적으로 1주일을 보낼 것이다. 밤에는 일에 대해 잊고 있어야 하듯이 1주일 중 하루는 몸을 위해 금식을 하고 뇌를 위해 전자기기를 차단해야 한다.

1주일에 하루 전자기기 사용을 금지하는 것부터 시작하라. 24시간 동안 스마트폰을 확인하지도 말고, 인터넷을 보지도 마라. 전자기기 사용을 금지하는 목적은 당신 자신과 당신이 사랑하는 사람들을 되찾는 데 있다.

전자기기에서 벗어날 시간을 확보하지 않는다면 당신은 정신적으로나 신체적으로 지칠 것이다. 그렇게 느껴지지 않는가? 실제로 전자기기는 몸에 스트레스를 가한다. 지속적인 스트레스는 당신의 몸을 생존 모드로 몰아가 지방을 태우지 않고 축적하게 만든다. 스마트폰 중독은 결국 당신을 뚱뚱하게 만든다. 정신적으로나 신체적으로나 건강하고 싶다면 당신에게 쉴 시간을 주어야 한다. 휴식을 취하며 리셋해야 한다.

원칙 2 : 어느 상황에서든 그 상황에 집중해야 한다

우리 문화에서 일과 삶의 균형은 과거에나 가능했던 사치가 되었다. 1930년대 경제학자들은 시간을 절약해주는 기술들에 감탄하면서 그들의 손자 세대, 즉 우리들은 1주일에 약 20시간만 일할 것이라고 예측했다. 기술과 로봇이 개발되어서 사람이 하던 일의 대부분을 처리해줄 거라 생각했다. 그 대신 사람들은 보다 많은 시간을 의미 있고 즐거운 활동을 하며 보내리라 전망했던 것이다. 그러나 현실은 그렇지 않다. 알다시피 우리는 어느 시대보다 많은 일을 하고 있다. 그리고 일을 하지 않을 때도 언제나 일을 하기 위한 접속 상태다.

특히 밀레니엄 세대의 기본 선택지는 '항상 연락 가능'이다. 올바른 일도 아니며, 효율적이지도 않다. 직업건강심리학 분야의 수많은 연구가 일에 완전히 몰두하고 효율적으로 일하려면 일에서 심리적으로 분리되는 방법을 배울 필요가 있다고 지적한다. 진정한 심리적 분리는 업무시간 외에는 일과 관련된 활동과 생각을 전혀 하지 않을 때 가능하다. 이는 신체적으로만이 아니라 정신적, 정서적으로도 일에서 벗어난다는 의미다. 연구 결과에 의하면 일에서 심리적으로 분리된 사람은 다음과 같은 경험을 한다.

- 일과 관련된 피로와 미루기의 감소
- 직장에서 활력, 전념, 열중으로 규정되는 몰입 순간의 대폭적인 증가
- 일과 삶의 균형 증가
- 결혼생활의 만족도 증가
- 정신건강의 증진

일에서 벗어나는 시간을 적절히 갖지 않는다면 우울을 경험할 가

능성도 매우 높다. 그러면 인간관계도, 건강도 나빠진다. 당신은 하나의 시스템이다. 모든 것이 연결되어 있다. 만약 휴식을 취하지 못해 심각한 불균형 상태가 된다면 어떻게 건강과 활기를 찾고 일에 충실할 수 있겠는가? 항상 접속 상태일 때 당신은 낮은 수준의 스트레스를 지속적으로 받는다. 무의식 수준에서 느끼는 스트레스지만 정신과 몸을 지치게 한다. 이런 식으로 쌓인 만성적인 피로와 싸우기 위해 사람들은 점점 각성제에 의지한다.

일에서 심리적으로 완전히 벗어나기 위해서는 기본 선택지를 바꾸는 수밖에 없다. 현재의 업무 환경을 깨뜨려야 한다. 일과 전자기기 사용에 적정한 한계를 두는 동시에, 동료들과 업무시간 외에는 더 이상 연락을 하지도 받지도 말자는 이야기를 나눠야 한다. 동료들 역시 이런 제안을 반길 것이다.

그리고 일에서 심리적으로 분리시켜줄 의식을 마련해야 한다. 이 의식은 기껏해야 1~2분 정도밖에 안 걸린다. 퇴근하기 전에, 특히 주말 전에 다음 날 또는 다음 주에 최우선으로 처리할 일들을 적어둔다. 이렇게 메모를 하는 순간 당신의 머릿속에서는 그 일을 지워도 된다. 연락할 일이 남았다면 그것도 처리한다. 그리고 스마트폰을 비행 모드로 전환한다. 이는 강한 강제력을 가진다. 이제 정신의 스위치를 껐으니 집으로 돌아가 가족에게 충실할 수 있을 것이다.

스마트폰을 비행 모드로 전환하는 대신에 스마트폰을 업무 공간에 두거나 가방에 넣어두는 것도 좋은 방법이다. 이는 비행 모드를 해제하고 잠시 확인하려는 유혹에 넘어가지 않게 해주는 더욱 강력한 강제력을 가진다. 스스로에게 높은 기준을 부여하라. 일에서 벗어나 삶의 다른 영역에도 충실할 수 있도록 하라. 당신의 일과 당신이 필요할 수도 있는 사람들은 다음 날 출근해서 처리하면 된다.

이 책을 쓰는 동안에도 나는 노트북을 집에 가져갈 때보다 사무실에 두고 갈 때가 많았다. 그래서 쓸데없이 원고를 들여다보는 일이 없게 했다. 노트북이 집에 있었다면 유혹이 너무 컸을 것이다. 이는 이후의 행동을 불필요하게 혹은 결정하기가 쉽게 만든 결정이었다. 이런 식으로 당신이 가장 중시하는 가치대로 살 수밖에 없는 상황을 만들어라.

직장에서 집중해서 일할 때는 심각한 비상 상황 외에는 다른 데 시간을 내주면 안 된다. 마찬가지로 가족과 집에 있을 때에도 일과 바깥 세상에 시간을 내주면 안 된다. 일과 관련된 '비상 상황'은 거의 모두가 사실 그리 긴급한 일이 아니다. 다음 날 아침에 처리해도 되는 일이 대부분이다.

당신이 신체적으로, 정신적으로, 정서적으로 일에서 벗어날 시간을 스스로에게 제공한다면 현재에 충실한 삶을 살게 될 것이다. 가족의 요구에 더욱 주의를 기울이게 되어, 가족과 함께하는 시간에 충실하면서 깊은 만족감을 경험할 것이다. 주위 사람들에게도 더 나은 사람이 될 것이다. 당신이 전적으로 그들에게 관심을 기울여줄 것이기 때문에 그들은 당신의 사랑과 애정을 한층 더 느낄 것이다. 이는 사람들이 오랫동안 해보지 못한 경험일 수 있다. "어디에 있든 거기에 집중하도록 하라."는 댄 설리번의 말을 기억하라.

원칙 3 : 충동과 의존성이 아니라 본능과 직관에 따라 행동해야 한다

당신이 평범한 사람이라면 아침에 커피를 마시지 않고는 하루를 시작하지 못할 것이다. 카페인 자체는 나쁘지 않다. 문제는 카페인이 사람들의 기본 선택지가 되면서 의존성을 초래했다는 점이다. 카페인이 기본 선택지일 필요는 없다. 카페인 없이도 정상적으로 생활할 수 있어야 한다. 충동에 의해서가 아니라 자기 의사에 따라 마셔야 한다. 단지 당신이 할 수 있는 행동이라는 이유로 그 행동을 할 필요는 없다. 당신이 행동을 할 때는 해야 하기 때문이 아니라 원하기 때문이어야 한다.

연구에 의하면 사람들이 카페인을 섭취하는 주된 이유가 여덟 시간 근무제라고 한다. 분명히 밝히건대 오전 9시부터 오후 5시까지의 근무 일정은 심리적으로나 신체적으로나 이상적인 형태가 아니다. 우리 대부분이 육체노동이 아니라 정신노동을 하는 지금은 더더욱 그렇다. 정신노동은 육체노동보다 훨씬 힘이 든다.

사람의 뇌는 무게가 1,300그램 정도에 불과하지만 인체가 만들어내는 에너지의 20퍼센트 이상을 소모한다. 하루 동안 정말로 정신을 집중할 수 있는 시간은 겨우 4~5시간이다. 당신이 효율적으로 일하고 싶다면 분명한 의도를 갖고 집중해서 일해야 한다. 그리고

90~120분 동안 힘을 쏟아 부은 후에 20~30분 동안 다른 환경으로 가서 회복하는 시간을 가져야 한다.

일을 하는 동안 카페인, 전자기기 등을 충동과 중독이 아니라 직관과 본능에 따라 사용해야 한다. 그러려면 환경에 주의를 기울일 필요가 있다. 현재 일과 관련된 환경은 중독과 의존성을 유발하도록 설정되어 있기 때문이다.

원칙 4 : 깊이 있는 인간관계가 필요하다

중독과 정반대 상태는 관계다. 사실 중독은 건강한 인간관계가 부족하다는 징후다. 중독은 고립과 고독의 산물인 동시에 점점 더 고립과 고독의 나락에 떨어지도록 만드는 원인이다. 중독 치료사인 크레이그 네켄Craig Nakken은 중독자의 심리를 이렇게 묘사한다.

"중독자의 삶에는 영속적인 것도, 중독과 관련이 없는 것도 거의 없다. 중독자는 친밀감을 몹시 두려워해 그런 조짐이 보이면 더욱 멀리한다. 그들은 흔히 타인이 자기 문제의 원인이라고 믿는다. 사람들이 자기를 이해할 수 없다고 생각한다. 그러므로 사람들은 피해야 할 대상이다. … 고립과 고독은 내심 타인과 정서적인 관계를 맺고 싶다는 갈망을 만들어낸다. … 중독자는 혼자이기를 원하지만 모순되게도 그의 자아는 혼자이기를 끔찍이 두려워한다."

요한 하리Johann Hari 는 〈당신이 중독에 대해 안다고 생각하는 것은 전부 틀렸다〉Everything You Think You Know about Addiction Is Wrong 라는 TED 강연에서 깊

은 인간관계가 중독에서 벗어나는 방법인 이유를 설명한다. 사람들은 자신뿐 아니라 다른 사람들에게도 자신의 행동이 중요하다는 믿음을 필요로 한다.

"여러분은 TED 강연 입장권을 구입할 형편이 되는 분들이므로 앞으로 6개월 동안 보드카를 사서 마실 돈도 있으실 테죠. 하지만 그러지는 않을 겁니다. 그렇게 하지 않는 이유는 누가 못하게 해서가 아니죠. 여러분이 유지하고 싶은 유대 관계가 있기 때문입니다. 사랑하는 일이 있고 사랑하는 사람들이 있어서입니다. 여러분에게는 건전한 관계가 있습니다. … 그렇다면 결국 중독의 핵심은 지금의 삶에 존재하는 것들을 견딜 수 없다는 것입니다."

의미 있는 관계를 맺지 못할 때, 당신은 필사적으로 그 공허감을 다른 데서 채우려고 한다.

우리 문화는 그 어느 때보다 중독을 조장하고 용인한다. 환경운동가인 빌 맥키번Bill McKibben은 《우주의 오아시스, 지구》Earth Making a Life on a Tough New Planet에서 이렇게 이야기한다. "우리는 이웃이 없는 생활 방식을 발전시켜왔다. 미국인이 가족이나 친구들과 함께 식사하는 횟수는 50년 전의 절반이 됐다. 친한 친구의 수도 대략 절반으로 줄었다." 인터넷을 통해 많은 사람과 관계를 맺고 있음에도 불구하고 사람들은 깊은 외로움을 느낀다. 그리고 이런 외로운 환경에서 중독을 유혹하는 자극들은 그 어느 때보다 강력하다. 그래서 사람들은 끊임없이 도파민 수치를 정상으로 돌려놓기 위해 자기 파괴적인 행동을 하는 악순환에 빠진다.

불행히도 쾌락 추구의 결과로 자신감을 잃은 사람이 스스로 손을 내밀어 사회적 지원을 받기란 불가능에 가깝다. 아마도 먼저 중독을 떨쳐버린 후에 사람들에게 손을 내밀거라고 자신을 설득할 것이다. 어차피 중독자와 관계를 맺고 싶어하는 사람은 없을 테니까. 그래서 자신에게 도움을 줄 수 있는 사람들로부터 고립된 채 자신의 의지력으로 중독에서 빠져 나오려 한다.

영화에 등장하는 모래늪의 모습은 사실과 다르다. 영화 속에서는 여주인공이 점점 모래늪 속으로 빠져들면 누군가 그녀를 구하러 용감하게 뛰어든다. 그러나 진짜 모래늪은 사람을 삼켜버리지 않는다. 그저 탈수로 죽기를 기다릴 뿐이다. 모래늪에 빠진 사람이 죽는 이유는 혼자여서 끌어내줄 사람이 없어서다.

중독 역시 혼자서 빠져나오려고 버둥거릴수록 점점 깊이 빠져든다. 의지력을 총동원한 노력이 점점 모래에 파묻히는 결과를 불러온다. 의지력으로는 안 된다. 혼자의 힘으로는 안 된다. 소셜미디어나 카페인 중독처럼 무해해 보이는 중독이라도 중독에서 살아남기를 원한다면 사회적 지원을 받아야 한다. 아무리 두 주먹을 불끈 쥐고 의지력을 총동원해도 혼자 힘으로는 벗어나기 어렵다.

내 친구 하나는 최근에 제 발로 중독재활센터를 찾아가 6개월간 입원해 있었다. 그녀는 일부러 자신의 과거사, 마음의 응어리, 중독을 부추기는 자극제가 있는 고향과 멀리 떨어진 시설을 선택했다. 새로운 환경이 자신의 어두운 면, 수년간 억압해왔던 내면의 악과 맞서기에 최적의 장소임을 깨달았다. 그녀는 입원한 뒤로 처음 한두 달 동안은 다른 환자들을 피해 틀어박혀 있었다. 하지만 시간이 흐르면서 중독에서 벗어나는 유일한 길이 자신을 있는 그대로, 자신의 약한 모습까지도 내보이는 것임을 깨달았다.

마케팅 전문가이자 중독 전문가인 조 폴리시Joe Polish는 중독에 관한 문화적 서사를 바꿔야 한다고 강력하게 주장한다. 중독자를 나쁜 사람으로 보는 대신에 있는 그대로 봐야 한다는 것이다. 그들에게 중독은 본인 나름의 해법이며 고통의 해소책이었을 뿐이다.

모든 중독자 그리고 영구적인 치유와 변신을 추구하는 모든 사람은 결국 내 친구처럼 혹독한 현실과 맞서야만 한다. 의지력을 통해서 중독을 극복할 수는 없다. 혼자 삶을 바꾸는 건 불가능하다. 다른 사람들이 필요하다. 다른 사람들을 신뢰하는 법을 배워야 한다. 치유와 변신은 두 사람 이상의 공동 작업을 통해서만 가능하다. 스스로를 만들어나가려고 하기보다 다른 사람에게 자신을 전적으로 맡기고, 자신이 믿는 대의를 위해 전력을 다하라. 심리학자 빅터 프랭클은 이렇게 이야기했다.

"인생의 진정한 의미는 인간 또는 인간의 정신이 아니라 세상 속에서 발견될 것이다. 나는 이런 구성적 특징을 '인간 존재의 자기초월성'self-transcendence이라고 불러왔다. 대의를 위해 봉사하거나 다른 사람을 사랑하는 데 자신을 바침으로써 더욱 인간적이 되고, 자아실현에 가까워진다. 소위 자아실현은 달성 가능한 목표가 결코 아니다. 이를 달성하려고 노력할수록 이를 놓치게 된다. 다시 말해서 자아실현은 자기초월의 부수적 효과로만 가능하다."

선선한 관계를 맺기 위해 똑똑해야 할 필요는 없다. 진실하기만 하면 된다. 다른 사람과 함께해주고 마음을 써주면 된다. 건전한 관계를 맺으려면 장시간 스마트폰을 몸에 지니지 않아야 한다. 또한 자신의 가치와 신념, 목표에 대해 솔직해야 한다. 자신이 어떤 사람이며 어떤 사람이 되고 싶은지 사람들에게 솔직히 말할 수 없다면 피상적인 관계에 머물고 만다. 당신은 당신에게 기준을 높이라고 요구할 만큼 당신을 사랑하는 사람들을 가까이 해야만 한다. 가끔은 당신이 그들을 실망시킬 수도 있다. 하지만 당신이 솔직한 마음을 드러낼 수 있다면 그들은 넓은 마음으로 이해해줄 것이다.

인생에서 사람만큼 중요한 것은 없다. 단 하나도 없다. 당신이 훌륭하고 영향력 있고 놀라운 성과를 낸다고 해도 사람보다 중요하지는 않다. 배우자, 자녀, 직계가족, 친한 친구들과의 관계는 특히 중요하다. 당신이 깊은 기쁨과 의미를 얻을 수 있고, 얻어야만 하는 곳은 그들과의 관계다. 그들과의 관계는 당신이 당신다워지고 삶에 최선을 다하게 하는 원동력이다. 이는 엄청난 동기 요인이다. 내 경우 아내와 세 아이가 지금의 방식으로 내 삶과 환경을 의도적으로 만들어온 이유다. 내 인생의 주된 목표는 그들에게 여유로운 생활과 자부심을 갖게 해주는 것이다.

우리는 잘못된 기본 선택지 때문에 자신을 잘못된 환경 속에 방치하고 있다. 여러 가지 중독에 빠져 진정한 삶을 방해하는 환경 말이다. 우리는 하나의 시스템이다. 모든 것이 연결되어 있다. 그러므로 일만 하고 휴식을 취하지 않는다든지, 밤새도록 팝콘과 TV를 껴안고 있다든지 하면 균형은 깨진다.

직장에서 집중해서 일할 때는 비상 상황 외에는 다른 데 시간을 내주면 안 된다. 마찬가지로 가족과 집에 있을 때에도 일과 바깥 세상에 시간을 내주면 안 된다. 지금 현재 할 일에 최선을 다하고, 그것들이 균형을 이루게 하라.

무엇보다 유해한 환경이 기본 선택지가 되어서는 안 된다. 유해한 환경에서 빠져나오게 하는 네 가지 원칙은 다음과 같다.

- 원칙 1 : 환경의 노예가 되어서는 안 된다.
- 원칙 2 : 어느 상황에서든 그 상황에 집중해야 한다.
- 원칙 3 : 충동과 의존성이 아니라 본능과 직관에 따라 행동해야 한다.
- 원칙 4 : 깊이 있는 인간관계가 필요하다.

실패 상황에 대해
고민하라

휴식에 최적화된 환경을 확보하려면 의지력이 필요하지 않도록 행동을 환경에 위임해야 한다. 하지만 당신이 모든 환경을 통제할 수는 없다. 때로는 예기치 않게 당신의 바람이나 목표에 반하는 행동을 하도록 자극하는 상황에 놓일 수도 있다. 그럴 때 의지력에 의존하기보다 자동화된 대처 반응이 나오도록 해야 한다. 즉, 부정적 자극에 의해 촉발되는 제동 장치를 만들어야 한다는 의미다. 자기 방해 행위가 촉발되는 순간, 바로 그 제동 장치가 작동하여 당신의 행동을 조정해줄 것이다.

복잡한가? 그렇지 않다. 이것은 조직심리학과 동기심리학에서 널리 연구되어온 실행 의도implementation intention라고 불리는 개념이다. 자기 파괴 행위에 대한 사전 대응책을 환경에 맡기고 나면 내적 일관성의 수준이 높아지기 때문에 휴식에 따른 회복의 정도가 향상된다. 기본적으로 휴식은 평화롭고 자신감 있는 상태가 되기 위해 필요하다. 그런데 목표와 상반되는 행동을 계속한다면 자신감이 생길 수 없다. 휴식을 취해도 회복이 어려워진다. 왜 그런지 그 원리를 알아보자.

부정적 자극에
미리 대처하라

실행 의도는 당신이 경로를 이탈할 경우 정확히 어떻게 할지 미리 정해둘 뿐 아니라 당신에게 경로 이탈이란 정확히 무엇을 의미하는지 정의해두는 것이다. 즉 실패에 대비한 사전 대응책을 수립해두는 것이다. 어떤 상태가 되면 목표를 향한 노력을 중단할지 미리 정해두는 것도 실행 의도의 한 형태다.

에를 들어 울트라 마라톤 주자들은 언제 경기에서 빠질지 미리 정해둔다. 그들은 "앞이 완전히 안 보이면 달리기를 중단할 거예요."라고 말한다. 그처럼 조건을 미리 정해두지 않으면 너무 일찍 포기할 수도 있기 때문이다.

미 해군 특수부대의 구호는 "힘든 임무가 아니면 우리 임무가 아니다."이다. 하지만 아이러니하게도 일에 집중할 때든 운동을 할 때든 마음속으로 그 일이 얼마나 힘든지만 생각하고 있으면 활동 자체가 불가능하게 느껴지기 시작한다. 결국 포기하기 위해 뇌는 어떤 식으로든 주의를 분산시키며 도파민을 찾는다. 그러면 십중팔구 무너진다. 그러므로 실행 의도를 수립해두어야 한다. 힘든 상황을 만났을 때의 반응을 '만약 ~하면'과 같은 조건문 형태로 계획해두는 것이다.

- 일하는 동안 이메일을 확인하고 싶은 유혹을 느낀다면, 자리에서 일어나 팔굽혀펴기를 20번 할 것이다.
- 주방에 들어갔을 때 코스트코에서 사온 머핀을 먹고 싶은 유혹을 느낀다면, 큰 컵으로 물을 한 잔 마실 것이다.

자동화된 대응이 효과가 있는 이유 중 하나는 유혹에서 관심을 돌릴 수 있는 시간을 벌어주기 때문이다. 몇 초만이라도 관심을 돌릴 수 있다면 보통은 갈망이 사라진다. 또한 자신의 계획을 이행하고 목표와 일치하는 생활을 하게 해줌으로써 자신감을 북돋워줄 것이며, 그 효과는 한 번의 도파민 분비보다 훨씬 오래 지속될 것이다.

한 연구에서는 실행 의도가 시간 관리 능력을 크게, 지속적으로 향상시킬 수 있다는 결과를 얻었다. 왜일까? 최악의 경우를 상정한 계획이 현실을 보다 긍정적으로 파악하게 해주기 때문이다. 상황이 완벽한 경우는 드물다. 모든 것이 무너져 내릴 때 어떻게 할지 계획이 세워져 있다면 당신은 작은 장애물을 만났을 때 무의식적인 대응 행동을 하지는 않을 것이다. 대신에 자신 있게 그리고 의식적으로 미리 세워둔 계획대로 행동할 것이다. 당신은 애초에 그 계획을 왜 세웠는지 알고 있다. 일시적인 도파민 분비보다 목표를 이루는 것이 훨씬 가치 있는 일이기 때문이다.

실행 의도의 수립이 목표와 관련된 생각을 명확하게 해준다는 연구 결과도 있다. 계획의 수립은 (실패할 경우에 대비한 계획이라 해도) 동기를 부여해주며, 당신과 목표 사이의 정신적 안개를 걷어낸다. 흥미롭게도 이렇게 더욱 명료해진 정신은 과거에 처했던 것과 유사한 상황에 놓였을 때 보다 빠르고 올바르게 대응할 수 있게 해준다. 따라서 환경 속의 부정적인 신호에 더욱 즉각적으로 그리고 본능적으로 대응하는 한편으로 거짓 경보를 최소화할 수 있다.

더욱 명확해진 정신, 강화된 동기, 고조된 통제감은 당신이 부정적인 자극과 유혹에 맞서게 해줄 강력한 조합이다.

당신의 가치와 의도대로 살기 위해서는 사전 대책을 세워둬야 한다. 왜 당신의 목표와 상충하는 환경의 우연한 산물이 되려 하는가? 왜 후회하는 삶을 사는가? 당신이 최고 수준의 삶을 진지하게 생각한다면 최악의 시나리오에 대해 계획하고 정확히 어떻게 대응할지 미리 알아야만 한다.

나쁜 행동을 대체할
행동을 만들어라

실행 의도의 수립은 '만약'과 '~하면' 간의 관계를 머릿속에서 확실히 연결지어주는 일이다. 실행 의도의 목표는 결정적인 상황에 '만약' 신호에 따라 '~하면' 반응이 자동으로 나타나게 만드는 것이다. 당신은 '만약'이라는 부정적인 자극에 따라 '~하면' 반응이 자동으로 촉발될 때까지 연습하고 또 연습해야 한다. 그냥 유혹에 굴복해서는 안 된다. 약속했던 행동을 하는지 스스로를 지켜봐야 한다.

이는 습관을 기르는 방법일 뿐 아니라 자신감과 자기 신뢰를 얻는 방법이기도 하다. 실행 의도를 확립한다면 최악의 상황에 대비한 전략을 갖게 될 뿐 아니라 자신감이 커진 덕분에 그런 상황으로 떨어질 가능성도 훨씬 줄어든다.

실행 의도로 사전 계획된 행동은 즉각적으로, 능률적으로, 더 이상의 다짐이나 생각 없이 실행에 옮겨져야만 한다. 그러므로 간단하고 쉬운 행동이어야 한다. 실행 의도는 단순한 지침 이상이다. 그것은 특정 냄새나 사람, 소음 등 외부 자극으로 촉발되는 자동화된 반응이다. 이뿐만 아니다. 실행 의도는 어떤 상황이 실패할 가능성이 있는지 본능적으로 알 수 있게 해준다.

내 사촌인 제시는 10년 이상 하루에 몇 갑씩 담배를 피웠던 골초였다. 그런 그가 3년 전에 담배를 단번에 끊었다. 그는 몹시 스트레스를 받거나 담배 한 개비가 간절할 때 "내가 담배를 피우는 사람이었다면 이럴 때 담배를 피웠겠지."라고 스스로에게 이야기했다. 그런 다음 하던 일을 계속했다.

이렇게 간단히 속으로 되뇌는 말도 효과적인 실행 의도가 될 수 있다. 제시에게는 더 이상 흡연자가 아니라는 정체성이 매우 중요하므로 이 촉발 자극이 효과가 있었다. 그리고 그것은 제시가 담배를 피우고 싶은 유혹을 느끼는 순간, 뇌가 자동으로 스스로를 일깨우도록 훈련시키는 데 도움이 되었다.

내 동생 트레버는 비디오 게임을 하고 싶을 때 대처할 효과적인 전략을 갖고 있다. 그는 게임을 하고 싶은 유혹을 받거나 기분이 들 때 일기장을 꺼내 그 순간의 느낌을 적는다. '방금 게임을 하고 싶은 자극을 받았다'라고. 그런 다음 잠시 스트레칭을 한다.

이 전략을 세워두지 않았다면 그의 기본 선택지는 환경의 신호를 받자마자 비디오 게임을 하는 행동이었을 것이다. 유감스럽게도 그의 현재 환경에는 비디오 게임을 연상시키는 자극들이 대단히 많다. 하지만 그가 자동화된 반응을 반복하면서 비디오 게임을 유익한 행동으로 대체하자 비디오 게임과 환경의 결합은 점점 약화되었다. 이는 실행 의도가 매우 중요한 또 다른 이유이기도 하다. 나쁜 습관을 다른 행동으로 대체하지 않고는 사실상 그 습관을 극복할 수 없다. 어떤 행동이 사라진 자리를 다른 행동으로 채워야 한다. 전략적으로 그 공백을 메워야만 한다.

목표 달성 과정을
머릿속에서 시각화하라

목표에 대해 글을 써보고 마음속으로 그려보는 것도 대단히 도움이 되지만, 목표를 달성해가는 과정을 상상해서 글로 써보는 것도 매우 의미 있는 일이다. 목표를 가로막는 장애물들과 거기에 대처할 방법을 포함한 목표 달성 과정을 상상하면 성과는 향상되고 불안은 감소한다는 연구 결과도 있다.

정말 그런지 궁금한가? 혹시 시도해보고 싶은가? 종이를 꺼낸 뒤 펜을 집어 들고 다음과 같이 해보라.

- 최고 목표를 생각한다.
- 최고 목표를 쓴다.
- 목표 달성까지의 일정을 가급적 짧게 잡는다.
- 목표를 달성하는 과정에 직면할 가능성이 있는 장애물들을 상상한다.
- 그 장애물들을 쓴다.
- 이제 각 장애물에 대한 대응책을 생각한다.
- 떠올린 장애물들에 대한 대응책을 '만약 ~하면'의 조건문 형태로 쓴다.
- 목표를 완전히 단념할 상황을 상상하고 쓴다.

발생할 수 있는 다양한 실패 상황을 생각한 다음, 상황들 각각에 대한 자동화된 반응을 계획해두면 실제 그 상황을 맞닥뜨리기 전에 미리 뇌에 실행 의도를 훈련시킬 수 있다. 다만 한 가지 기억해두어야 할 것이 있다. 목표를 위해 열심히 노력하지 않는다면 실행 의도는 당연히 무용지물이 된다는 점이다. 또한 목표를 성공시킬 당신의 능력에 대한 확신이 부족하다면 계획이 아무리 정교해도 성공하지 못할 것이다.

한 연구에서는 조건문 형태의 대응책이 모호할 때보다 구체적일 때 효과가 훨씬 크다는 사실을 발견했다. "정크푸드에 대한 갈망이 생길 때마다…"보다 "주방에 들어섰을 때 쿠키가 너무 먹고 싶다면…" 같은 구체적인 조건에 대한 대응책이 성공 가능성을 훨씬 더 높여준다는 말이다. 심상 기법이나 목표 설정과 마찬가지로 실패 상황에 대한 계획이 구체적일수록 실행에 옮겨질 가능성이 높으며, 희망컨대 결국에는 성공으로 가는 길에 들어설 것이다.

-------------------------------(+ Special Point +)-------------------------------

환경 설계의 필수 요소는 작업기억 또는 단기기억에서 처리할 사항을 환경에 위임하는 것이다. 당신은 모든 행동과 선택을 의식적으로 생각하고 싶지 않을 것이다. 그보다는 원하는 행동을 유기적으로 만들어주는 환경을 설정하고 싶을 것이다. 당신이 최선을 다하도록 만들거나 완전한 회복과 리셋을 허용하고 자신을 되찾게 하는 환경을 조성하고 싶을 것이다

나는 많은 사람들과 함께하면서 나쁜 습관을 없애려고 할 때 극심하게 괴로운 순간도 있다는 사실을 알게 됐다. 그럴 때 잠시 다른 데로 주의를 돌릴 수만 있다면 갈망은 대개 사라졌다. 이를 극복하는 가장 좋은 해결책은 인간관계이므로, 그런 갈망을 느낄 때 즉시 전화할 수 있는 사람이 있다면 좋다.

최악의 방법은 자신에게 의지하는 것이다. 혼자 알아서 해보려는 시도는 과거에도 지금도 통하지 않는다. 혼자 애쓰지 말고 사랑하는 사람들에게 의지하도록 하라. 그들과의 유대 관계가 당신을 구해줄 것이다.

실행 의도는 순간적인 상황뿐 아니라 포괄적으로도 적용될 수 있다. 정말 솔직히 말하자면 인생은 뜻대로 되지 않는다. 당신이 얼마나 조직적이고, 영리하며, 훌륭한지는 상관없다. 살다 보면 더럭 겁이 나고 휴식이 필요할 때가 있다. 그런 경우에도 명확하고 자동화된 전략들이 준비되어 있어야한다. 상황이 맘대로 안 될 때 심사숙고하고, 일기를 쓰고, 걷고, 산책하고, 달리는 등의 행동을 전략으로 삼을 수 있다.

나에게는 개인적인 두려움에 깊이 빠질 때 곧바로 전화할 수 있는 가까운 사람이 세 명 있다. 서로 매우 다른 세 명은 내 인생에서 중요한 시기에 내 정신적 지주가 되어준 이들이다.

나는 이들과 이야기를 나눈 후에 일기장을 꺼내 글을 쓰기 시작한다. 자연스럽게 나의 목표, 애를 먹고 있는 일들, 내게 가장 중요한 것은 무엇인지부터 쓴다. 일기 쓰기는 가장 효과적인 정서 조절 수단이 분명하다. 내게는 매일 일기를 쓰는 순간이 치유의 시간이다. 종이에 펜으로 글을 쓰다 보면 글쓰기 속도가 떨어지면서 생각을 집중하기도 하고 잠시 이 생각, 저 생각을 해볼 여유도 생긴다. 그러다 보면 영감도 떠오른다. 일기를 쓰기 전에 몇 분간 명상과 기도를 하기 때문에 더욱 그렇다. 나는 일기 쓰기가 보다 효과적일 수 있도록 정신적인 여유를 가지려고 노력한다. 당신도 한번 시도해보라.

PART 3

최적의 환경을
설계하라

환경에 '강제 기능'을 포함시켜라

발전하는 것은 변화하는 법이다.
완벽해지려면 끊임없이 변화해야 한다.
__ 윈스턴 처칠 Winston Churchill

어떤 일의 원인을 상황이 아니라 자신의 탓으로 돌릴 때 당신은 심리학자들이 말하는 기본적 귀인 오류 fundamental attribution error 를 범하게 된다. 사람들은 누군가 상황 때문에 어쩔 수 없이 한 행동조차도 그 원인을 사람에게서 찾곤 한다. 이러한 사실은 1960년대 이후 여러 연구에서 거듭 확인됐다.

만일 누군가 특정 정당에 투표한다면 당신은 그가 원래 그런 유형의 사람이기 때문이라고 추정할 것이다. 어떤 이유로 그런 결정을 내렸는지는 신경 쓰지 않을 것이다. 마찬가지로 누군가가 당신의 차 앞으로 급하게 끼어들면 곧바로 그를 몰지각하고 경솔한 사람이라고 생각할 것이다. 아픈 아이를 태우고 병원에 가느라 그런 것일지도 모르는데 말이다.

최고의 성과를 가져오는
환경의 비밀

심리학자들은 환경이 행동에 얼마나 큰 영향을 미치는지 뚜렷이 인식하게 되었다. 이제 연구자들은 단순히 아이의 지능이 시험 점수에 얼마나 영향을 미치는가를 검토하는 데 그치지 않고, '상위 수준'의 변인들이 어떤 영향을 미치는지를 검토한다. 그 변인은 교실의 크기, 교사의 질, 가정생활, 가족의 사회경제적 지위, 시험 당일의 날씨 등 다양하다.

〈파트 2〉에서는 환경이 미치는 영향력을 살펴봤다. 환경이 어떻게 목표와 사고방식에서부터 수행 및 성공 능력에 이르기까지 생활의 모든 측면에 영향을 미치는지 자세히 설명했다. 성공이 인생 목표라면 다음으로 할 일은 어떤 환경이 최고의 성과를 가져오는지 밝혀내는 것이다.

그래서 이번 파트에서는 고도의 성과를 강요하는 강화된 환경의 핵심 요소들을 자세히 살펴볼 것이다. 이런 환경의 공통점은 집중과 성장을 가져오는 좋은 스트레스를 야기한다는 점이다. 노력과 의지가 아닌 환경의 힘을 활용해 원하는 삶을 얻는 구체적인 방법을 찾을 수 있을 것이다.

상황의 요구가
놀라운 능력을 만든다

1982년 토니 카발로는 1964년형 쉐비 임팔라의 서스펜션을 수리하던 도중에, 잭에서 미끄러져 내려온 트럭의 바퀴집에 깔렸다. 살려달란 소리를 듣고 달려온 토니의 어머니 안젤라는 의식을 잃은 아들을 보았다. 그녀는 도와달라고 고함을 질러대면서 자신도 모르게 아들의 몸을 누르고 있던 수천 킬로그램의 트럭을 들어 올렸다. 때마침 달려온 이웃사람들이 힘을 모아 트럭을 들어 올렸고, 그녀는 아들의 몸을 트럭 아래서 끄집어냈다.

이 상황에서 변인 하나만 바꿔보자. 토니가 트럭 아래에 깔려서 살려달라고 소리쳤던 것이 아니라면? 그냥 트럭을 들어달라고 부탁한 것이라면? 그랬다면 안젤라가 트럭을 들어 올렸을 리 없다. 위급한 상황이 깊이 감춰져 있던 그녀의 강한 면모를 불러냈다. 특별한 환경이 초인적인 힘을 발휘하게 한 것이다

1928년 뉴욕 레인저스와 몬트리올 마룬스가 맞붙은 아이스하키 스탠리컵 결승전에서 레인저스의 선발 골키퍼였던 론 새벗Lorne Chabot 은 퍽에 눈을 맞아 2피리어드에서 경기장을 떠나야 했다(1979년까지 는 헬멧을 착용하지 않았다). 당시에는 후보 골키퍼가 있는 경우가 흔하 지 않고 레인저스 팀도 마찬가지였다. 그런 경우 경기 규칙에 따라 상대팀 코치는 어떤 대체선수든 허락해야만 했다. 마침 스타 골키퍼 앨릭 코넬Alec Connell이 관중석에서 경기를 관람하고 있었지만, 마룬스 의 코치는 그를 대체선수로 허락해주지 않았다. 그는 어떡하든 이기 고 싶었기 때문이다.

레인저스 팀은 어쩔 수 없이 코치 레스터 패트릭Lester Patrick을 골키퍼 로 기용했다. 그는 현역 시절 뛰어난 선수이기는 했지만 골키퍼로 뛴 적은 한 번도 없었다. 44세의 패트릭은 스탠리컵 경기 사상 최고령 선 수였다.

새로운 환경은 레인저스 팀에게 다른 전략을 요구했다. 새로운 전 략은 가급적 패트릭에게 퍽이 가지 않도록 마룬스의 골문 쪽으로 끊 임없이 퍽을 보내는 것이었다. 놀랍게도 정신없이 경기에 임했던 패 트릭은 19골을 막아내고 오직 한 골만을 허용했다. 그가 상황의 요구 에 부응한 덕분에 레인저스는 경기에서 이기고 스탠리컵 우승을 거 머쥐었다.

미국 심리학회 회장을 역임한 마틴 셀리그먼Martin Seligman 박사는 비 관론자와 낙관론자 사이에는 여러 가지 심리적 차이가 있다고 했다.

예를 들어 비관론자들은 부정적 사건을 곧바로 자신의 정체성이라는 고정적 특성으로 연결한다. 그래서 자신이 문제이며 사건 해결을 위해 할 수 있는 일은 전혀 없다고 생각한다. 낙관론자들은 이와 반대다. 그들은 부정적 사건을 일시적이며 구체적인 상황과 연결한다. 그들은 무언가가 잘못되었을 때 상황을 파악하고 앞으로 그 상황을 어떻게 바꿀지 전략을 세운다.

강제 기능을 통해
행동을 이끌어내라

우리는 원하는 행동을 이끌어낼 환경을 조성할 수 있다. 이를 위한 효과적인 방법은 강제 기능forcing functions 을 도입하는 것이다. 강제 기능이란 말 그대로 자신이 의도한 대로 행동하고 성취하도록 강요하는 상황을 자신에게 제공하는 것이다. 당신이 퇴근해서 의도적으로 스마트폰을 차에 두고 집으로 들어간다면 가족과 함께하는 시간을 확보할 수 있다. 스마트폰이 옆에 없는 상황이 당신이 의도한 대로 행동하도록 강요한다. 덕분에 가족과의 시간에 충실할 수 있다.

강제 기능은 하고 싶은 행동을, 해야만 하는 행동으로 바꿔주는 유용하면서도 간단한 전략이다. 이는 자기 방해 행위에 대한 해설책이다. 스마트폰이 주머니에 있어도 아무 생각 없이 들여다보지 않을 거라고 자신에게 거짓말하지 마라. 그냥 스마트폰을 차에 두는 간단한 방법을 택하라. 강제 기능은 당신이 실수하지 않도록 환경에 포함시킨 제약 조건이다.

강제 기능은 작업기억을 자유롭게 해주는 방법이기도 하다. 어차피 해야 할 일을 두고 고민하거나 어떤 행동을 의식적으로 계속하는 대신에 원하는 행동을 하도록 강제할 환경을 만든다면, 당신의 작업기억은 보다 여유로워질 것이다.

강제 기능을 도입하겠다는 한 가지 결정은 이후의 다른 결정들을 더 쉽게 만들거나 또는 불필요하게 만든다. 나는 아이폰의 소셜미디어 앱을 전부 없애버리기로 결정했다. 그러자 30분마다 트위터 계정을 확인할지 말지 고민할 일이 없어졌다. 가끔 습관적으로 트위터를 확인하려 스마트폰을 꺼냈다가 앱을 없앴다는 사실을 깨닫곤 하긴 했지만.

선택지를 계속 열어두면 무력함과 실패를 맛보게 되는 경우가 많아진다. 즐겁기는 하지만 주의를 산만하게 만들거나 시간을 낭비하게 만드는 선택지들은 의도적으로 제거하는 것이 낫다. 이런 의식적인 결정을 계속하다 보면 당신을 성공으로 이끌고 있는 중대한 결정을 내려준 과거의 자신에게 감사할 순간들이 올 것이다.

이루고 싶은 간절한 목표가 있다면 그 과정을 우연에 맡겨두지 말아야 한다. 대신 목표 달성이 불가피한 조건을 만들어놓도록 하자. 그것은 사고방식이나 의지력, 태도, 자존감, 절제력의 문제가 아니다. 이런 내적 힘을 환경에 위임해 무의식적이고 본능적으로 행동하게 만드는 것이다.

사업가인 댄 마텔Dan Martell은 1주일에 몇 번씩 코워킹 스페이스나 커피숍에 노트북을 들고 가서 일하는데, 이때 일부러 전원 케이블을 집에 두고 간다. 그러면 배터리가 나가기까지 한정된 몇 시간 안에 일을 끝내야 하므로 그동안 최대한 집중해서 일할 수 있기 때문이다. 또한 오후 4시 30분에 아들을 유아원에서 데려오기로 약속한 날에는 제한 없이 오후 시간을 쓸 수 있을 때보다 훨씬 능률적으로 집중해서 일한다.

마텔은 이렇게 말한다. "자신의 일에 진지하다면 때로는 전력을 기울여야 한다. 그래야 긍정적 결과를 얻을 가능성이 높아지기 때문이다. 그것은 우선순위 정하기나 거절하기가 아니라 생산성을 높일 수 있도록 적절한 환경을 조성하는 것으로만 가능한 일이다."

전략적으로 설계된 강제 기능은 당신을 그 순간과 당신이 하려는 일에 몰입하도록 강요한다. 몰입은 어떤 활동에 완전히 빠져 있는 정신 상태를 가리킨다. 몰입 상태에서는 활기차고, 온전히 집중하고, 완전히 참여하고 있다는 느낌이 든다. 그것은 자신을 던지는 것이다. 순간 당신의 환경과 당신의 목표는 하나가 된다. 몰입을 유도하는 자극을 환경에 집어넣을 수 있다면 당신은 그 순간에 더 집중하고 더 높은 성과를 올릴 수 있다.

많은 직장인들이 업무가 과중하다고 불만을 토로하곤 한다. 하지만 사실은 그렇지 않다. 대부분의 직장인들은 높은 수준의 책임감과 주인의식을 요구하는 역할을 강요받지 않는다. 매일 진행 상황을 기록해서 보고하도록 요구받지도 않고, 산출물을 내놓지 못한다 해도 치러야 할 대가는 미미하거나 아예 없다. 이는 그들에 대한 기대치가 그다지 높지 않기 때문이다.

그 결과 사람들은 스마트폰을 책상 옆에 둔 채 또는 산만하게 인터넷 검색 탭을 여러 개 열어둔 채 일한다. 몰입과 집중은 찾아보기 힘들다. 그들은 근무 시간 대부분을 산만하게 보내고, 퇴근 시간을 기다리며 계속 시계를 흘끔거린다.

반면에 강화된 환경은 일에 전념하도록, 즉 그 순간에 충실하도록 만든다. 이러한 환경에서는 정신적 몰입이 일상적인 상태다. 규칙이 그렇게 확립되어 있기 때문이다. 강화된 환경을 만드는 방법은 환경 내의 규칙에 강제 기능을 부여하는 것이다. 가장 강력한 강제 기능들은 다음과 같다.

- 투자
- 사회적 압력

- 저조한 성과가 초래할 나쁜 결과에 대한 상상
- 책임감
- 새로움

이 요소들을 환경에 많이 넣으면 넣을수록 환경은 더욱 강화된다. 얼마나 강화된 환경인지는 그 안에 있는 동안 얼마나 정기적으로 몰입 상태를 경험하는가를 보면 알 수 있다. 그러므로 강제 기능을 환경에 도입한다면 몰입이 자연스럽게 당신의 행동 방식이 될 것이다. 그 결과 모든 일에서 최고의 역량을 발휘하게 된다.

투자

경제학에 등장하는 매몰 비용 오류는 사람들이 무언가에 투자하고 소유권을 갖고 있을 때 그 가치를 과대평가하는 현상을 가리킨다. 이는 명백히 포기해야 하는 길이나 일을 계속 고집하게 만든다. 사람들은 단순히 그 관계에 자신의 시간과 돈과 감정을 너무 많이 쏟았다는 이유만으로 끔찍한 관계를 유지하곤 한다. 또는 분명히 시장성이 낮은 사업에 자금을 계속 쏟아 붓기도 한다. 가끔은 포기하는 것이 가장 현명한 일이다. 이것은 사실이지만 안타깝게도 진부한 이야기가 되어버렸다.

매몰 비용이 항상 나쁜 것은 아니다. 사실 이런 인간의 성향도 유익한 방향으로 활용할 수 있다. 운동을 하겠다는 목표를 위해 거금을 들여 개인 트레이너를 고용하는 사람처럼, 당신도 가고자 하는 길로 계속 나아갈 수 있도록 미리 투자할 수 있다.

건강에 관심이 많은 세대가 등장하자 2002년 켈리 플래틀리Kelly Flatley는 그래놀라바를 만들어 팔기로 했다. 한정적이지만 친구와 가족을 대상으로 시장성을 조사했다. 그녀는 건강에 좋은 재료들은 아낌없이 사용한 데다 첨가제도 넣지 않은 자신의 제품에 경쟁력이 있다고 확신했다. 그리고 인생을 거는 투자를 감행했다. 저축했던 돈을 찾아 상업용 주방을 빌려 매일 오후 8시부터 새벽 2시까지 수제 그래놀라바 '베어 네이키드'를 만들었다. 이후 동업자가 생겼지만, 두 사람 모두 2년간 월급을 챙기지 않았다. 그들은 지역 행사장을 돌며 그래놀라바를 팔기 시작한 지 6년 만에 켈로그의 자회사에 6,000만 달러를 받고 회사를 매각했다.

성장형 사고방식growth mind set을 갖고 있는 사람은 일이 잘 풀리지 않아도 끈질기게 버틸 가능성이 훨씬 높다. 그들은 다른 시각으로 실패를 바라본다. 실패를 부정적인 일로 보는 대신에 피드백으로 보고 무언가 배우게 되리라고 생각한다. 그래서 성장형 사고방식을 지닌 채 전력투구하고 투자를 아끼지 않는 사람은 종종 어리석고 우유부단한 사람으로 간주된다. 너무나 많은 실패를 겪은 후라면 포기하는 게 타당해 보일 것이다. 그렇지만 그들은 앞으로 계속 나아가야만 한다는 믿음 때문에 포기하지 않는다. 단지 여태까지의 투자가 아깝기 때문만은 아니다. 몇 번을 실패해도 상관하지 않는다. 남들이 자신을 어떻게

생각하든 개의치 않는다. 그들은 성공할 때까지 또는 더 이상 노력할
수 없을 때까지 노력하고, 또 노력한다.

사회적 압력

팀 페리스Tim Ferriss는 매일 명상하는 습관을 갖고 있다. 평소에 명상
을 했는지 서로 확인하는 새로운 명상법을 시작했을 때 사회적 압력
때문에 습관을 들일 수밖에 없었다고 했다. "다음에 방문할 때까지 두
번 명상을 하겠다고 누군가에게 말했어요. 말해놓고 실천하지 않으
면 바보 같은 기분이 드니까요." 간단한 일 같지만 그 이야기에는 중
요한 교훈이 담겨 있다.

이제 마라톤을 하고 싶다면 어떤 전략을 가지고 준비해야 할지 생
각해보자. 먼저 몇 개월 전에 마라톤 대회에 참가 신청을 할 수 있다.
그런 다음 대회에 참가한다고 사람들에게 직접 말하거나 소셜미디어
를 통해 알릴 수 있다. 그러면 공개적으로 약속을 했으므로 자신이 뱉
은 말을 실천해야 한다는 사회적 압력을 느낄 것이다. 덤으로 함께 마
라톤을 할 사람도 여럿 만날 수 있다. 주위에 함께해줄 사람이 있으면
마음이 약해질 때 다잡을 수 있다. 또 상과 벌칙을 내걸고 경쟁할 수
도 있다. 가령 연습에 한 번 빠지면 근사한 저녁을 사야 한다는 식이
나. 그리고 마라톤 준비 상황을 기록하거나 다른 사람에게 보고하는
방법도 좋다.

프로젝트를 신속하게 끝내고 싶다면 상사 또는 책임자에게 특정

날짜까지 제출하겠다고 말하면 된다. 편안하게 끝낼 수 있는 날짜보다 앞당겨 마감 날짜를 정하라. 물론 며칠 동안 밤늦게까지 일해야 할 수도 있다. 하지만 그 시간만큼은 몰입해서 일할 것이다. 다시 말하지만 당신을 움직이게 만드는 것은 의지력이 아니라 외부의 압력이다. 목표를 이루도록 강제하는 기능을 하게끔 당신이 의도적으로 만든 압력 말이다.

저조한 성과가 초래할 나쁜 결과에 대한 상상

아이스크림을 먹는 즉시 뚱뚱해진다면 틀림없이 먹지 않을 것이다. 담배를 피우는 즉시 폐암에 걸린다면 절대로 흡연을 하지 않을 것이다. 페이스북 뉴스 피드를 읽는 순간 꿈이 산산조각난다면 아마 그렇게 오랜 시간 느긋하게 페이스북을 사용하지는 않을 것이다. 배우자에 대해 끔찍한 생각을 하는 순간 결혼생활이 끝난다면 아마 생각을 고쳐먹을 방법을 찾아낼 것이다. 그렇지 않은가?

하지만 마이클 펠프스Michael Phelps가 담배를 피우고 식단을 지키지 않는다면 그 즉시 성적이 떨어질 게 분명하다. 왜 그럴까? 이유는 간단하다. 그는 최상위권에서 활동하고 있기 때문이다. 상위권에서는 실패의 결과가 매우 심각하다. 펠프스가 체력 단련을 대충 하거나 훈련을 건너뛴다면 금메달은커녕 아예 메달을 따지 못할 수도 있다.

하지만 중위권에서는 실수와 나태함이 어느 정도 허용된다. 그래서 사람들은 그런 행동을 당연시한다. 중위권에게는 매일같이 아슬

아슬하게 사는 삶이 요구되지 않는다. 그렇다면 굳이 그렇게 살 필요가 없지 않겠는가?

크게 실패했을 때의 결과를 상상해보라. 단순히 사회적 영향뿐 아니라 최종 결과까지 고려해야 한다. 스타트업을 창업했는데 자금이 고갈되고 있다면? 당신은 집중할 수밖에 없을 것이다. 오랜 시간 준비해온 중요한 대회를 앞두고 있다면? 훈련에 더욱 매진할 수밖에 없을 것이다. 목표를 추구하는 과정에 다른 사람들을 끌어들여 당신이 더욱 책임감을 느끼도록 만들어라.

스스로 높은 기준을 설정하고 높은 기준을 요구하는 사람들에게 둘러싸여 있다면, 스스로 잘해내리라고 기대하게 된다. 그리고 실제로 잘해낼 수 있다.

책임감

교육자이자 종교 지도자인 데이비드 베드나르David Bednar 박사는 새로 트럭을 구입한 한 청년의 이야기를 들려준다. 청년은 땔감이 떨어지자 새 트럭을 시험해볼 좋은 기회가 왔다고 생각했다. 트럭을 몰고 스마트폰도 터지지 않는 눈 덮인 산으로 올라간 그는 도로 가장자리에 트럭을 세우려다 그만 눈 속에 처박히고 말았다. 다급해진 청년은 눈 속에 빠진 트럭을 빼내기 위해 온갖 방법을 동원했다. 후진에서 주행으로 기어를 바꾸며 액셀을 밟아봤지만 바퀴는 헛돌고 트럭은 점점 더 깊이 빠져들었다. 눈에 파묻힌 타이어 아래에 나뭇가지도 집어

넣어도 보고, 삽으로 타이어 주위의 눈을 파내보기도 했지만 결과는 마찬가지였다.

그는 크게 낙담했다. 해는 저물어가고 기온도 떨어져 몹시 추워졌다. 잠시 후 조용히 기도를 마친 그는 나무를 베기 시작했다. 그리고 큰 장작들을 트럭 짐칸에 실었다. 몇 시간이 흘렀다. 짐칸이 채워지고 그는 트럭에 올라 시동을 걸었다. 그리고 후진을 시도했다. 마침내 트럭은 눈 속을 빠져나와 도로에 올라설 수 있었다. 트럭에 가득 실린 장작의 무게가 견인력을 제공해준 덕분이었다.

사람들은 행복이 마음의 짐이 없는 상태라는 잘못된 믿음을 갖고 있다. 그래서 도전 과제나 어려움 없는 수월한 인생을 살기 원한다. 정말 그럴까? 그렇지 않다. 그 짐이 있어야 우리 삶이 앞으로 나아가는 데 필요한 견인력을 얻을 수 있다. 우리의 어깨는 짐을 짊어질수록 점점 더 넓어진다. 나는 이를 내 삶에서 목격했다.

나는 책임이 막중한 위탁부모가 되고 나서야 작가로서의 경력을 발전시키는 데 필요한 견인력을 얻을 수 있었다. 짊어져야 할 책임이 생기기 전에는 그저 현실에 안주하고 있었다. 간절하지 않았다. 마음 속으로는 작가가 되고 싶었지만 앞으로 나아가게 해줄 견인력이 내게는 없었다. 내 상황은 성공을 강요하지 않았으며 내게 부담을 주지도 않았다. 아직 시간이 많으니까 언젠가는 글을 쓰겠지 하는 막연한 기대만 갖고 있을 뿐이었다.

마이클 저베이스Michael Gervais의 "험하고 적대적인 환경은 우리에게 가르침을 준다. 두려움을 이용해 진정한 가르침을 준다."는 말의 의미를 알게 되는 데 나는 꽤 오랜 시간이 걸렸다.

새로움

새로운 일을 할 때 우리는 자연히 그 일에 좀 더 집중하고 몰두한다. 뇌 역시 새로운 정보를 접하면 그것을 기존의 정신 모형에 결합시키기 위해 더 열심히 움직인다. 이는 당신을 집중하게 만들 뿐 아니라 당신을 변화시켜 활기 넘치고 성장하는 사람으로 만든다.

반대로 우리는 똑같은 환경에서 똑같은 일만 반복하면 멍한 상태가 되기 쉽다. 뇌도 새로운 정보를 파악해 기존의 정신 모형에 결합시킬 필요가 없으므로 열심히 움직이지 않는다. 그래서 나폴레온 힐은 "적당한 충격은 습관에 의지하면서 위축됐던 뇌 활동을 활발하게 해준다."고 말했다.

당신이 새로운 아이디어나 경험 또는 오랫동안 두려워했던 상황에 노출된다면 사회과학자들이 '혼란스러운 딜레마'라고 부르는 상태에 빠질 것이다. 흔히 외국에 여행을 갔을 때 경험하는 상황이지만, 새롭고 낯선 활동을 할 때도 경험할 수 있다.

혼란스러운 딜레마는 현재 사고방식과 상충하는 새로운 생각이나 경험에 노출되면서 현재의 정신 모형이 산산이 부서졌을 때 주로 나타난다. 그 혼란이 끝나고 관점이 전환된다고 해서 예전에 믿었던 관점을 전부 잃게 되는 건 아니다. 그저 비효율적이고 불거전했던 사고방식을 솎아낼 뿐이다. 외국으로 여행갔을 때 당신이 그 나라 사람들에 대해 갖고 있던 편견이 잘못됐음을 깨달았던 경험, 바로 그것이다.

삶과 환경에 새로운 경험을 많이 가져올 수 있다면 당신은 정신 모형에 더 많은 정보들을 연결할 수 있다. 그러면 당신의 일도 더 많은 것들과 연결돼 다양한 관계를 형성할 것이다. 광범위하고 독특한 것들을 서로 연관 지을수록 당신의 일은 혁신적이게 된다.

당신의 일과는 매일 똑같은가? 그렇다면 어떻게 상황을 바꿀 수 있는가? 단순히 가구 배치를 바꾸는 일이라도 괜찮다. 그것이 새로운 상황으로 인식된다면 일상의 단조로움을 깨뜨려 당신과 상황을 변화시킬 것이다.

---------------------------------- + Special Point + ----------------------------------

당신은 강제 기능을 활용함으로써 강화된 환경을 만들 수 있다. 가장 강력한 강제 기능들은 다음과 같다.

- 투자
- 사회적 압력
- 저조한 성과가 초래할 나쁜 결과에 대한 상상
- 책임감
- 새로움

삶에 이런 환경 요소들을 도입하기 위해 어떤 방법을 사용할 수 있을까? 그 필요성을 인식하고 의도적으로 환경을 바꿔야만 한다. 강화된 환경이 저절로 만들어지지는 않기 때문이다.

이 요소들을 환경에 많이 넣으면 넣을수록 환경은 더욱 강화된다. 이처럼 강제 기능을 환경에 도입하면, 정말 해야 할 일에 몰입하게 된다. 그러면 그것이 어느새 당신의 행동 방식이 될 것이며, 그 결과 모든 일에서 최고의 역량을 발휘하게 될 것이다.

10

확실한 의도,
그 이상이 필요하다

당신이 결정을 내리면
그 일이 이뤄지도록 우주가 도와준다.
__ 랠프 월도 에머슨 Ralph Waldo Emerson

어린 학생이 철학자 에픽테토스 Epictetus에게 인간은 어떻게 행동해야 하는지를 물었다. 그는 "내 마음을 어떤 상황에든 적응시키겠다'는 자세를 갖는 것이 좋다."고 대답했다. 끊임없이 변화하는 요즘 세상에서는 더욱더 적응력이 필요하다. 하지만 인간의 적응력은 오히려 감소하고 있다. 우리는 매우 구체적인 지시가 있어야 무슨 일이든 할 수 있는 수동적인 인간으로 점점 바뀌어가고 있다.

적응력은 학습 방법의 문제와 관련이 있다. 자신이 처한 환경에 주의를 기울이고 환경 속에서 최상의 정보를 찾아내 배우는 것이다. 이는 환경의 통제를 받는 것이 아니라 오히려 환경을 통제하는 것이다. 적응력이 뛰어난 학습자라면 한 환경에 오랫동안 머물지 않는다. 지금의 환경에서 제공하는 것을 신속히 배운 다음 새롭고 더 어려운 환경으로 옮겨간다.

비디오 게임은 한 단계를 마스터할 때까지는 다음 단계로 넘어갈 수 없다. 그래서 처음부터 다시 시작하기를 여러 번 반복한 끝에 요령을 배우고 능숙해져서 다음 단계로 올라간다. 인생도 마찬가지다. 여러 번 반복해야 무언가를 배울 수 있다. 현재의 환경에 적응하지 못했다면 더 어려운 환경에 적응하기는 힘들 것이다. 따라서 여기에서는 새로운 환경에 적응할 수 있는 네 가지 방법을 제시할 것이다.

적응력이 뛰어난 학습자의 특징은 다음과 같다.

1. 적응하고 변화할 수 있다는 믿음을 갖고 있다. 심리학자 캐럴 드웩은 이를 '성장형 사고방식'이라고 이름 붙였다. 즉 반복적인 학습 습관과 자신이 선택한 몇몇 학습 양식에 빠져 있지 않다는 의미다. 반대로 '고정형 사고방식'fixed mind set을 가진 학습자는 적응력이 부족할 수밖에 없다.

2. 목표를 달성하거나 변화를 위해 100퍼센트의 노력을 기울인다. 자신이 한 약속을 지키기 위해 스스로를 변화시킬 수 있다는 의미다.

3. 가장 두려워하는 것들에 대한 내성을 키우려 노력한다.

4. 괴롭고 불쾌한 감정에 대처하는 법, 나아가 이를 수용하는 법을 배운다. 이를 위해서는 정서 조절emotional regulation이 필요하며, 두려움과 저항에 스스로를 직접 노출시키는 용기도 필요하다.

유연한 학습자가
되어야 한다

목표를 달성하고 싶다면 먼저 그것을 이룰 수 있다고 생각하고 믿어야 한다. 즉 현재로서는 막연해 보이는 목표지만 해낼 수 있다는 믿음을 가져야 한다는 말이다.

이는 종교적인 믿음과는 다르다. 스스로 목표를 달성할 수 있다는 확신, 신념이다. 목표를 달성할 수 있다는 믿음이 없는 사람은 고정형 사고방식을 갖고 있다. 이들은 바꿀 수 없는 지배적 '정체성'이 있다는 주장에 넘어간 사람들이다. 천성을 신격화하며 교육으로 무엇도 바꿀 수 없다고 믿는다.

수많은 연구들이 고정형 사고방식을 지닌 사람들은 힘들게 살아간다는 사실을 보여준다. 그들은 자존감이 낮다. 그럴 수밖에 없지 않은가? 그들은 태어나면서 운명이 정해져 있다고 생각하므로 아무것도 할 수 없다고 믿는다. 그래서 변화를 두려워한다. 고정형 사고방식의 소유자들은 학습에도 어려움을 겪는다. 자신이 발전할 수 있다는 믿음이 없다면 배우려는 마음을 먹기도 어렵지 않겠는가? 게다가 그들이 편안하게 여기는 학습 방식은 한 가지여서 다른 학습 방식을 요구하는 상황은 피하려 한다. 하지만 다양한 환경에 적응하려면 여러 가지 학습 양식을 배우는 일을 피할 수 없다.

학습이론 연구에 의하면 우리 모두는 주로 한 가지 학습 양식을 사용한다. 또 어려운 상황에 처했을 때 의지할 예비 학습 양식도 몇 가지 갖고 있다. 하지만 우리가 간과하고 회피하는 학습 양식도 있다. 그것은 바로 다음의 여섯 가지다.

- 상상 : 아이디어를 생성한다.
- 숙고 : 생성된 아이디어에 대해 배운다.
- 분석 : 배운 내용들을 종합하고 그 아이디어들을 활용할 방법에 대해 전략적 계획을 세운다.
- 결정 : 특정 아이디어를 실행할 방법을 결정한다.
- 실행 : 아이디어를 현실화하기 위한 방법을 행동으로 옮긴다.
- 경험 : 다른 사람과 함께 무언가를 만들거나 실패하는 등의 시도를 해본다. 그런 시도를 통해 여러 각도에서 학습한다.

여섯 가지 학습 양식 중 어느 하나라도 빠뜨린다면 우리는 많은 것을 배우지 못할 것이다. 하지만 그것이 바로 우리 모두의 모습이다.

우리는 선호하는 한 가지 양식만으로 학습하기를 원한다.

흥미롭게도 사람들은 자신에게 익숙하고 편한 학습 양식에 대해서는 성장형 사고방식을 갖고 있다. 수학을 좋아하고 이에 걸맞은 분석적인 학습 양식을 가진 사람이라면 아마 수학을 더 잘할 수 있다고 생각할 것이다. 어려운 문제와 실패를 성장의 기회로 여기며 주변에 멘토링과 도움을 청하기도 할 것이다.

그는 호기심을 느끼며 수학에 관한 지식과 지평을 넓힐 수 있다. 반대로 사람들은 자신이 편안하지 않은 학습 양식에 대해서는 고정형 사고방식을 갖고 있다. 예를 들어보자. 글쓰기를 싫어하고 그에 걸맞은 학습 양식이 없는 사람이라면 아마도 글 솜씨가 나아질 수 없다고 믿을 것이다. 그는 글쓰기는 배워서 실력이 향상되지 않으며 자신의 유전자에는 그런 재능이 없다고 생각한다.

성장형 사고방식을 가진 사람은 믿음을 갖고 일한다. 보이지 않더라도 믿는다. 비록 지금은 상상일 뿐이지만 자신이 더 잘하게 되리라 믿는다. 고정형 사고방식을 가진 사람은 일을 하면서도 믿음이 없다. 그들은 보이지 않는 것은 믿지 못한다. 의심이 많다. 자신이 배울 수 있다는 믿음이 없으므로 실제로 배우지 못한다. 자신을 틀에 가두고 앞으로도 비전이 없다고 생각한다.

다행이도 심리학자와 학습이론가들은 어떤 학습 양식이든 배울 수 있다는 수많은 증거를 찾아냈다. 단, 유연하고 적응력이 있는 학습자만 그렇게 할 수 있다. 이런 주장을 수용한다면 모든 것이 달라진다. 개인마다 '강점'과 '약점'이 정해져 있다는 생각보다 훨씬 더 매력적인 그림이 그려진다.

우리는 강점도 약점도 없다. 긍정적이거나 부정적인 학습 습관을 갖고 있을 뿐이다. 이런 학습 습관은 일생 동안 길러진다. 사람은 편안한 상황을 찾는 경향이 있기 때문에 그런 상황에 의해 거듭해서 조건화된 것이다. 특정 학습 양식을 사용할 수 있는 상황과 환경을 만들기 위해 자신도 모르는 사이에 온갖 노력을 다한다. 그런 식으로 학습 습관을 더욱 심화시킨다. 다른 학습 양식을 사용해야 하는 상황과 환경은 피한다. 하지만 이 모든 행동은 고정된 것이 아니라 유동적이다. 그러므로 학습 습관도 바뀔 수 있다. 학습 습관이 바뀌면 생물학적으로나 심리학적으로 변할 것이다.

배울 수 있다는 믿음이 있다면 실제로 배울 수 있다. 다만 어떤 것들은 다른 것들보다 배우기가 힘들다. 하지만 그 이유가 강점과 약점이 태생적으로 정해져 있기 때문은 아니다. 위축된 마음, 개발이 덜 된 학습 능력, 파괴적인 신념, 나쁜 습관 때문이다. 어렵고 새로운 상황에 들어가면 당신은 유연한 학습자가 될 수밖에 없어서 새로운 것들을 배우게 된다. 이것이 적응력의 본질이며 기초다.

적응력이 있는 학습자가 되겠다고 결심했다면 '몰두'라는 기술에 숙달되어야 한다. 학습에 몰두하면 변화한다. 몰두는 신념과 성장형 사고방식을 요구한다. 학습에 몰두하는 일은 정서적으로나 지적으로나 어렵기 때문에 100퍼센트의 노력이 필요하다. 완전히 몰두하는 사람만이 배움의 과정을 견뎌낼 수 있다.

그래서 이 챕터의 나머지 부분에서는 적응력 있는 학습자가 되는 데 필요한 지식과 기술을 알려주려 한다. 전력투구하기, 포용력 기르기, 자신의 두려움에 적응하기, 불쾌하고 도전적인 감정 적절히 처리하기가 그런 기술들이다.

변화를 위해
100퍼센트 전력투구하라

큰 파도타기는 작은 파도타기와 전혀 다르다. 큰 파도를 탈 때는 실패의 대가가 훨씬 크다. 사실 성공하지 못하면 죽음을 맞이할 가능성도 있다. 파도타기 인터넷 사이트에 게시된 다음의 글로도 알 수 있다.

"큰 파도를 타는 사람들은 따로 있다. 수평선으로부터 시커멓고 거대한 장벽 같은 파도가 밀려올 때 그런 파도를 타고 싶어하는 사람이어야 가능하다! 망설이거나 완전히 집중하지 않는 사람은 파도가 삼켜버릴 것이다!"

큰 파도를 타려면 100퍼센트 집중해야 한다. 잠시라도 한눈팔거나 주저하면 실패한다. 완전히 집중하더라도 실패할 수 있다. 성공할 수 있는 유일한 길은 끝까지 전력투구하는 것뿐이다.

어떤 일에 완전히 몰두할 때 우리는 그냥 열심히 할 때와는 전혀 다른 자세를 보인다. 그냥 열심히 할 때 우리는 주저한다. 자신도 없다. 미심쩍어하며 결단을 내리지 못한다. 하지만 어떤 일에 몰두해서 전력투구할 때는 정신적 안개가 말끔히 걷힌다. 무엇을 하려는지 그리고 왜 그것을 하려는지 분명해진다. 다른 선택지에 대해 더 이상 고민하지 않는다.

배리 슈워츠 박사는 《점심 메뉴 고르기도 어려운 사람들》에서 이렇게 말했다. "번복하지 않을 선택을 했다는 생각이 들면 미련을 갖기보다 지금 가진 관계를 개선하는 데 힘쓰게 된다."

711년 이베리아 반도를 침략했던 이슬람 군대는 번복할 수 없는 선택을 보여준 훌륭한 사례다. 지휘관인 타리끄 이븐 지야드Tariq ibn Ziyad 는 반도에 착륙하자마자 함선을 불태우라는 명령을 내렸다. 불길에 휩싸인 함선을 뒤로 하고 지야드는 부하들에게 다음과 같이 외쳤다.

"형제들이여, 우리는 알라의 뜻을 전하러 이곳에 왔다. 이제 앞에는 적이 있고 뒤에는 바다가 있다. 알라를 위해 싸워라. 승리를 거두거나 순교를 하거나 둘 중 하나다. 다른 선택은 없다."

이것은 야사로 전해지는 이야기다. 실제로 있었던 일인지 아닌지는 중요하지 않다. 핵심은 함선을 불태웠다는 점이다. 복귀나 탈출, 포기의 선택지는 제거됐다. 저 순간 이슬람 장병들의 기분이 어땠을지 상상할 수 있는가? 선택은 간단했다. 승리하든 죽든 둘 중 하나였다. 우리는 저런 위기 상황을 만들지 않으려고 얼마나 애쓰며 살아가고 있는가?

때로는 자신을
몰아붙여야 한다

새롭고 도전적인 환경에 성공적으로 신속히 적응하고 싶다면 100퍼센트의 노력을 기울여만 한다. 문제는 그렇게 할 수 있는 방법이 무엇이냐는 것이다. 이것이 바로 내가 박사과정에서 조직심리학을 전공하며 연구해온 문제다. 구체적으로 말하면 나는 귀환불능지점이라는 개념을 연구해왔다. 귀환불능지점은 목표를 회피하지 않고 목표를 향해 나아가기가 쉬워지는 순간을 일컫는다. 당신의 가장 큰 야망이 유일한 선택지가 되는 순간이다. 이 순간 당신은 원하는 바를 얻기 위해 모든 노력을 기울이며, 그런 노력은 강한 자신감을 갖게 해준다.

그런데 그 지점까지 가려면 어떻게 해야 할까?

1970년 제프리 앨런 그레이Jeffrey Alan Gray 박사가 제안한 생물심리학적 성격 이론bio-psychological theory of personality이 있다. 그레이는 모든 행동이 다음 두 체계의 지배를 받는다고 주장한다.

- 행동 억제 체계behavioral inhibition system : 환경 내의 위험이나 위협에 주목하게 만든다. 위험이나 위협을 감지했을 때 행동 억제 체계가 행동에 나서지 않도록 막는다.
- 행동 활성화 체계behavioral activation system : 보상에 주목하게 만든다. 보상이 감지되면 행동 활성화 체계가 보상을 얻을 수 있도록 행

동한다.

이 두 체계는 끊임없는 긴장 관계에 놓여 있다. 모든 상황에서 두 체계 중 하나가 다른 하나를 압도한다. 당신은 행동을 하거나 행동을 억누른다. 적극적으로 접근하거나 어떤 일을 막으려 노력한다. 공격 또는 수비다.

사람들은 회피 성향을 갖고 있다. 그래서 깊은 내면의 욕구에 따라 행동하지 않는다. 그 대신에 안전한 선택을 한다. 자신이 멍청해 보이지 않도록 계산해서 행동한다. 자신의 꿈이 제대로 달성되지 않을 경우를 상정해 여러 대안을 세워두기도 한다. 그리고 아이러니하게도 결국에는 대안에 주력하고, 그 대안이 그들의 삶이 된다.

당신이 부정적인 영향이나 감정을 회피하는 삶을 꾸려왔다면 그런 성향을 바꿀 수 있을까?

물론 가능하다.

당신은 그런 정체성을 바꿀 수 있다. 정체성은 당신의 행동과 당신이 선택한 환경을 따라가기 때문이다. 그렇다면 방어적인 삶에서 공격적인 삶으로 바꾸기 위해 당신이 할 수 있는 가장 강력한 행동은 무엇인가?

우선 금전적 투자를 통해 귀환불능지점을 경험할 수 있다. 금전적 투자는 어떤 아이디어에 많은 시간을 투자해 탐색을 마치고 결정한다. 특정 아이디어에 상당한 금액을 던지는 순간 투자자는 더 이상 예전의 생활로 돌아갈 수 없다. 투자는 그들 정체성의 일부가 된다.

심리학과 경제학에서는 이런 행동을 몰입의 상승^{escalation of commitment}이라는 개념으로 설명한다. '몰입의 상승'은 주로 사람들이 처음 했던 결정이나 투자를 정당화하고 싶은 마음 때문에 생겨나는 비합리적 태도다. 이처럼 과도한 몰두의 핵심에는 매몰 비용이 있다. 많은 투자를 했을 때 엄청난 내적 몰두를 한다는 사실을 알게 되었으므로 이제 귀환불능지점만 설정하면 된다. 세계적으로 성공한 사람들은 정확히 그렇게 한다. 그들은 몽상가가 아니다. 실천가다. 그들은 개인적으로 투자를 했다.

사람들은 자신이나 자신의 꿈에 시간과 돈을 투자하는 순간 더욱 부단히 노력한다. 그러면서 정체성과 목표에 대한 지향성 전부가 바뀐다. 그들은 이제 앞으로 가야만 하므로 더 이상 해야 할 일에 대해서 혼란스러워하지 않는다. 이미 행동을 했고, 이제 그 행동을 지속시켜야 한다. 그 행동을 지속시켜야 할 심리적 이유는 많다.

- 투자한 것을 잃지 않기 위해서다.
- 자신이 한 행동과 정체성의 일관성을 유지하기 위해서다(정체성은 행동을 따라가지만 그 역이 반드시 성립하지는 않는다).
- 정말로 달성하고 싶은 목표가 있고, 이제 자기 충족적 예언으로 귀결될 외부 환경을 조성했기 때문이다.

나는 여러 기업가와 기업가 지망생들을 두 집단으로 나눈 후 인터뷰를 통해 그들의 차이점이 무엇인지 밝혀냈다.

기업가들은 '귀환불능지점'을 경험했던 반면에 기업가 지망생들은 그런 경험을 얻으려 하지 않았다. 내가 인터뷰했던 사람들 중 한 명은 신발을 팔고 싶어했던 열일곱 살 소년이었다. 그와 그의 동업자 친구는 1만 달러를 투자해 신발 배송에 나섰다. 그는 자신의 귀환불능지점을 이렇게 묘사했다.

"우리 돈을 전부 동일한 품목에 털어 넣었으니 흥하든 망하든 둘 중 하나였죠. 죽기 살기로 해야 한다고 생각하니 정말 두려웠어요. 그 신발들을 팔아야만 했습니다. 이제 돌이킬 수 없었죠. 신발을 반환하고 돈을 되돌려 받을 수도 없었어요. 밀고 나가야만 했습니다."

나는 "그 순간 이후로 달라진 게 있었나요?"라고 물었고, 그는 이렇게 대답했다.

"이제 정말 시작이라고 깨달은 순간 무엇을 할 수 있는지 제대로 볼 수 있게 됐다고 생각해요. 내가 정말로 회사를 시작했고 투자를 했으니 이제 운영을 해야 하는구나 싶었어요. 회사를 운영하고 있다는 자각을 제대로 했던 게 그때였을 거예요. 그 일이 동업자들 사이에서 리더 역할을 하도록 저를 변화시킨 것 같아요."

사람들은 일단 귀환불능지점을 넘으면 자신의 비전을 완전히 믿게 되어 그 일에 전념한다. 그러면 역할이 변하고 그에 따라 정체성도 바뀐다. 방해만 되는 다른 대안들은 삭제한다. 스스로 강요한 일이므로 이제 원하는 방향으로 움직여야만 한다. 투자 행위가 사람들을 변화시킨다. 그것은 특정 인물들과의 거리도 변화시키고, 꿈에 대한 자세도 변화시킨다. 자신의 결정이 결실을 맺도록 얼마나 확신을 갖고 노력하는지, 그 확신과 노력까지도 변화시킨다.

귀환불능지점을 넘어선 후에는 멋진 일들이 일어난다. 상황이 거의 신비로울 정도로 딱 맞아떨어지는 듯이 보인다. 윌리엄 허친슨 머리William Hutchinson Murray 는 이렇게 표현했다.

"사람이 확실하게 전념하는 순간 하늘의 섭리도 따라서 움직인다. 보통 때라면 결코 일어나지 않았을 일들이 일어나 그를 도와준다. 전념하겠다고 결심하고 나면 꿈꾸지 못했던 뜻밖의 사건과 만남, 물질적 지원이 이어질 것이다."

새로운 환경에
바로 뛰어들어라

인간은 적응력이 대단히 뛰어나다. 우리는 금방 둔감해지고 내성이 생긴다. 많은 사람이 지속적인 노출을 통해 텔레비전에 등장하는 저속함, 폭력, 섹스에 둔감해진다는 사실이 심리학 연구로 밝혀졌다. 각성제 및 다른 약물에 내성을 가진 사람도 많다. 우리는 설탕 범벅인 식품들로 미각을 왜곡시켜 이제는 건강에 좋은 음식을 즐기지 못한다.

거의 매일 의자에 앉아 TV 화면이나 모니터를 응시하며 열두 시간 이상을 보내게 되면서 관절통, 두통, 부종을 당연한 것으로 여긴다. 우리는 천문학적 수준의 인공 도파민이 우리 몸에 흐르는 데 익숙하다.

사람은 어떤 것에든 적응할 수 있다. 심지어 공포심까지도. 공포에 대한 내성을 의도적으로 기르는 것을 심리학자들은 체계적 둔감화 systematic desensitization 라고 부른다. 어떤 대상이든 내성이 생길 때까지 반복해서 접촉하면 체계적으로 둔감해질 수 있다. 그리고 결국에는 심상 모형을 재구성하고 거기에 적응하여 새로운 사람이 된다. 과거에는 당신을 두려움으로 마비시켰던 것들이 이제 자연스러운 일상적 경험이 되는 것이다.

매일 새벽 4시 30분에 일어나서 체육관에 가는 것은 생각보다 어려운 일이다. 단단히 결심을 해도 처음 몇 주, 몇 달은 괴로울 수밖에 없다. 하지만 이런 경우에는 차근차근 단계를 높이는 방법이 그다지 효과적이지 않다. 가령 매일 새벽 4시 30분에 일어나는 습관을 들이고 싶을 때 처음 몇 주 동안은 6시에 일어나고, 그다음 몇 주 동안은 5시 30분에, 그다음 몇 주 동안은 5시에 일어나다가 결국 4시 30분에 일어날 필요는 없다는 말이다. 힘들더라도 처음부터 원하는 상황에 적응하는 것이 낫다.

한 걸음 한 걸음씩 차가운 수영장 안으로 들어가는 것도 마찬가지다. 단계별로 적응하려다 보면 두려움에 지나치게 집중하게 되고, 고통을 겪는 시간도 길어진다. 결국 고통을 심화시킬 뿐이다. 그러므로 두려움에 집중하지 말고 하려는 일의 결과에 집중해야 한다. 수영장에 바로 뛰어들라는 말이다.

물론 그렇게 할 경우 이행 과정의 충격은 짧지만 강하게 겪을 수밖에 없다. 정서적으로 가혹하기는 하지만, 몸은 아주 신속하게 그리고 본능적으로 새로운 환경에 적응한다. 20초 만에 적응이 완료돼 더 이상 수영장 물이 차갑게 느껴지지 않을 것이다.

심리학 연구들은 어떤 사건에 대한 예상은 거의 항상 사건 그 자체보다 감정적인 경험이라고 보고했다. 그러니까 사람들은 항상 결과를 예측할 때 실제보다 훨씬 나쁠 거라고 예상한다는 말이다. 그래서 행동하지 않은 채 생각 속에서 고통을 만들어내고 키워간다. 그냥 바로 행동에 옮긴다면 고통도 훨씬 덜 받으며 순식간에 끝낼 수 있을 텐데 말이다.

'일찍 일어나기'와 같은 새로운 행동에도 같은 원리가 적용된다. 100퍼센트의 노력으로 상황에 뛰어든다면 당신은 아주 빠르게 적응할 것이다. 다만 그 순간의 정서적 충격은 클 수밖에 없다. 그렇게 오래된 행태와 행동을 솎아내고 정리하는 과정을 온전히 경험하는 것이 낫다. 정리 과정이 아프게 느껴질 수 있지만 그것을 통해 우리는 적응력을 높일 수 있다.

적응 과정을 압축하는 원리는 모든 영역에 적용될 수 있다. 《인생이 빛나는 정리의 마법》에서는 소비지상주의에 대한 중독을 확실히 극복하는 유일한 길은 주위 환경 속의 모든 잡동사니를 단번에 치우는 것이라고 설명한다. 고장난 시스템을 계속해서 관리하기보다는 환경을 리셋하라는 것이다.

당신이 행동하기를 미뤄온 일은 무엇인가?

혹시 수영장에 살금살금 들어가고 있지는 않은가?

두려움에 과도하게 집중함으로써 고통을 심화시키고 있는가?

도대체 언제 풍덩 뛰어들 것인가?

전력을 다해 뛰어드는 순간, 그 일이 상상했던 것보다 훨씬 수월하다는 것을 깨닫고 곧 거기에 적응할 것이다. 하지만 그러려면 먼저 할 수 있다는 믿음이 필요하며 유연한 학습자가 되어야 한다. 곧바로 직접 뛰어드는 것이 가장 빠르고 실용적인 학습 방법이기는 하지만 훨씬 더 많은 위험을 수반하는 것도 사실이다. 그러므로 우리는 자신의 두려운 감정에 현명하게 대처해야만 한다. 이제부터 할 이야기가 바로 이것이다.

부정적인 감정을
어떻게 할 것인가

긍정심리학은 1998년경에 탄생했다. 당시 행복을 주제로 한 연구논문은 300여 편에 불과했다. 그때까지만 해도 대부분의 심리학자들이 주로 심리 질환에 관심을 두었기 때문이다. 2017년 '행복'을 주제로 한 연구논문은 8,500편이 넘는다. 행복은 인기 있는 주제처럼 보인다. 하지만 참으로 아이러니한 일이다. 인류 역사상 행복을 찾기가 그 어느 때보다 힘들어 보이는 시대가 바로 지금이기 때문이다.

심리의 긍정적 측면에 초점을 둔 변화는 대단히 유익한 일이었나. 하지만 긍정심리학에서 이뤄지는 연구의 범위와 초점이 불만스러운 심리학자들도 많다. 이들은 긍정심리학 분야의 연구 대부분이 지나치게 단순하고 인간 생활의 결정적 요소를 무시한다고 생각한다. 유명한 긍정심리학자인 폴 웡Paul Wong 박사는 "긍정적 감정은 긍정적 결과를 가져오고 부정적 감정은 부정적 결과를 가져온다."는 것이 긍정심리학의 핵심 전제였다고 지적한다. 하지만 이런 전제 때문에 사람들은 항상 기분이 좋아야 하며 그렇지 않으면 뭔가 문제가 있다고 믿게 되었다. 어쩌면 지난 20년간 신경정신과 처방약이 급증했다는 점이 이와 관계가 있을지도 모른다. 사람들은 문제에 대처하거나 해결하는 대신 회피하고 자신을 마비시키고 있다.

긍정심리학은 고통의 회피와 쾌락의 추구를 옹호하는 쾌락주의 세계관에 뿌리를 두고 있다. 그러나 유감스럽게도 쾌락주의 세계관을 따르는 삶은 깊은 의미와 만족감을 주지 못한다. 진정한 충족감과 성취감을 가져다주는 것은 부담과 도전 과제, 대립이다. 그러므로 미래를 개척하기 위해서는 종종 현재의 고통을 감수하는 일이 필요하다. 그것이야말로 진정한 행복을 가져다준다.

순간의 쾌락과 진정한 행복은 매우 다른 경험이다. 과학자이며 종교 지도자인 제임스 탤메이즈James Talmage는 이런 글을 남겼다. "행복은 나쁜 뒷맛을 남기지 않으며 우울한 반응이 뒤따르지도 않는다. 행복은 후회를 남기지 않으며 회한을 수반하지도 않는다. 진정한 행복은 언제나 원래의 좋은 기분과 함께 기억 속에서 계속 반복된다. 그러나 쾌락의 순간은 늘 고뇌의 원천이 되며 가시 같은 따가움을 남긴다."

스토아학파 같은 고대 철학 그리고 불교와 기독교 같은 종교에서는 기본적으로 쾌락주의 생활 방식에 반대한다. 왜냐하면 도전과 고통, 난관의 수용이 의미 있는 삶과 성장에 이르는 주요 경로들 중 하나라고 보기 때문이다. 이들은 쾌락주의 세계관보다는 행복론에 입각한 세계관을 받아들여 개인적 성장과 사회적 기여를 추구하는 고결하고 의미 있는 삶을 살라고 설파한다.

현재 긍정심리학에 제2의 물결이 일고 있다. 이 새로운 움직임에 참여하고 있는 연구자들은 행복론을 강조한다. 그들은 삶의 긍정적 측면과 부정적 측면, 두 가지 모두가 개인과 사회에 최적의 결과를 가져오는 데 필수라고 본다. 다음과 같은 감정도 모두 충만하고 완성된 삶의 소중한 부분이라는 의미다.

- 만족 지연
- 불편
- 좌절
- 불만

- 고통
- 비극적인 사건
- 어색함
- 당혹스러움
- 반신반의

　이런 감정들을 느끼는 순간은 결코 즐겁지만은 않다. 하지만 이를 포함한 불쾌한 감정의 경험은 종종 놀라운 결과를 낳는다. 사람은 어렵고 도전적인 경험을 하면서 비로소 발전한다. 고통을 회피하고 무조건 감정을 숨기기만 한다면 결코 성장할 수 없다.

　베스트셀러 작가인 잭 캔필드는 "당신이 원하는 모든 것은 두려움의 건너편에 있다."고 말한 적이 있다. 그의 말이 옳다. 하지만 나는 거기서 한 걸음 더 나아가려 한다. 고통, 불편, 충격, 권태, 가면증후군(유능하고 사회적으로 인정받는 사람이 자신의 능력에 대해 의심하며 언젠가 무능함이 밝혀지지 않을까 걱정하는 심리 상태를 일컫는 용어―옮긴이), 어색함, 공포, 틀림, 실패, 무지, 멍청해 보임. 이런 감정들을 회피하는 태도가 당신이 상상하는 이상적인 삶을 살지 못하게 막고 있다. 사실 이는 성공한 삶에 동반되는 당연한 감정들이다. 그럼에도 불구하고 사람들은 언제나 이 감정들을 피하려 한다.

　부와 최상의 건강, 멋진 관계, 깊은 정신적 성숙은 누구나 얻을 수 있다. 하지만 그것들을 가지려면 그만한 값을 치러야 한다. 당신을 가로막는 주요 장애물은 해야 할 일에 대해 갖고 있는 감정이다. 사람들은 괴로운 감정을 느끼기를 꺼려한다. 하지만 당신이 순간의 감정을 무시할 용의가 있다면, 오직 현재에만 관심이 있는 인구의 99퍼센트는 잡을 수 없는 기회의 세계에 들어갈 수 있다.

어떤 일에 완전히 몰두한다면 부정적인 감정과 경험은 피할 수 없다. 그런 힘든 감정들이 대부분의 사람을 멈추게 해줄 과속방지턱임을 알고 있는가? 그리고 그런 부정적 경험들이 당신의 오래된 약점을 제거해주리라는 사실을 알고 있는가? 당신은 억눌렀던 감정들을 분출하고 새롭고 나은 사람으로 발전할 수 있다. 그리고 과거에 정서적으로 충격을 주었던 경험들은 금세 일상이 되고 때로는 즐거움이 될 것이다.

--------------------------- + Special Point + ---------------------------

적응력이 있는 학습자가 된다는 것은 곧 환경에 통달한다는 의미다. 새롭고 어려운 환경에 숙달되려면 강제로 자신의 껍질과 습관을 깨뜨리는 수밖에 없다. 당신에게는 선호하는 학습 양식 또는 행동 방식이 있다. 하지만 '당신의 방식'은 당신을 고착시킬 뿐이다. 그보다는 당면한 상황을 주의 깊게 살펴보고 요구되는 행동을 해야만 한다.

개인적 발전과 성공을 향해 빠르게 나아갈 계획이라면 성공에 대한 믿음을 바탕으로 엄청난 도전과 책임이 따르는 상황을 만들어야만 한다. 그리고 마치 큰 파도타기를 할 때처럼 100퍼센트 전력투구해야 한다. 전력투구의 자세를 갖추게 해줄 가장 빠른 길은 자신과 자신의 결정에 투자하는 것이다. 두려움과 불쾌한 감정 역시 받아들여야 하며, 그런 감정들을 마주할 용기를 가져야 한다.

높은 목표에
맞춰 성장하라

성장하고 싶다면 훌륭한 곳에 가고, 훌륭한 책을 읽고,
훌륭한 사람들과 어울려야 한다.
__엘머 타운스 Elmer Towns

29세인 존 버크 John Burke 는 애틀랜타 출신의 피아니스트다. 2017년 그
는 그래미상 베스트 뉴에이지 앨범 부문의 수상 후보에 올랐다. 그
앨범에 수록된 곡들 중 하나인 〈어스 브레이커〉 Earth Breaker 를 버크는 '핑
거 브레이커'라고도 부른다. 대단히 빠르고 격렬한 곡이기 때문이다.
그는 지진을 겪는 듯한 경험을 사람들에게 제공하겠다는 목표를 갖
고 그 곡을 썼다.

흥미로운 사실은 〈어스 브레이커〉의 작곡을 끝냈을 때 그는 그 곡

을 연주할 수가 없었다는 점이다. 당시 버크의 연주 실력을 능가하는 너무 빠른 곡이었기 때문이다. 하지만 바로 그게 그가 원하는 바였다. 이것이 버크가 작곡하는 방식의 핵심이다. 자신이 연주할 수 없는 곡을 쓴 후에 연주가 가능해질 때까지 연습에 연습을 거듭하는 것. 자신의 연주 실력을 능가하는 곡의 작곡은 그에게 강제 기능 역할을 했다. 그는 자신이 만든 환경에 맞춰 성장해야 했다.

자신의 실력보다
높은 수준의 목표를 설정하라

다른 세계적인 연주자들처럼 버크 역시 압박감에 강하다. 일부러 여러 단계의 외부적 압박을 자신의 환경에 편입시킴으로써 날마다 작업실에 나타나 곡을 쓴다. 그는 자신의 연주 실력보다 한두 단계 높은 곡들을 쓰는 데 그치지 않는다. 거기서 훨씬 더 나아간다.

버크는 앨범 발매 계획과 같은 새로운 프로젝트를 결정할 때 가장 먼저 언제 작업을 끝내고 발표할지 정한다. 그리고 발표 날짜부터 역으로 중요한 일정을 정해간다. 피아노 녹음실 기사에게도 바로 전화해서 보통 3~4개월 후의 녹음 날짜를 미리 잡는다. 사용료를 미리 지불해 필요한 날짜에 녹음실을 확실히 쓸 수 있도록 한다. 이는 금전적 투자를 강제 기능으로 활용해 예정된 날짜에 녹음할 수 있게끔 작곡

작업을 끝내도록 자신을 압박하는 방법이다.

버크는 그 후 몇 개월 동안 '창작 시간'을 정규 일정으로 잡아놓는다. 작곡을 위한 이 시간을 중요한 회의처럼 생각한다. 따라서 창작 시간으로 정해둔 시간에 연주나 합주 기회가 생겨도 이미 일정이 차 있다고 이야기한다. 창작 시간을 위해서라면 아주 좋은 기회도 기꺼이 포기한다. 흔히 뮤즈가 찾아와주기만을 기다리는 음악 분야에서 거의 믿기지 않을 정도로 압박감을 주고 노력을 기울인다.

버크는 일정이 확정되면 바로 소셜미디어 계정을 통해 팬들에게 새로운 앨범 발매 소식을 알린다. 자신이 전력을 기울이게 만들 또 하나의 장치로 미리 팬들의 기대를 불러일으키는 것이다. 앞서 언급했던 바로 그 전략이다. 그는 팬들의 믿음을 매우 중시하므로, 절대 팬들을 실망시키지 않을 것이다. 그런 다음 가까운 가족과 친구들에게도 자신의 목표를 이야기한다.

정말 충격적인 사실은 앨범 작업을 시작하겠다고 결정한 바로 그날 이 모든 일을 처리한다는 점이다. 이것이 버크가 불과 29세의 나이에 7집까지 앨범을 발표할 수 있었던 다작의 비결이다. 성공하도록 강요하는 조건을 만들고, 뛰어난 창의력과 성취를 촉진하는 규칙에 따라 움직인다. 그의 성공은 계산된 것이며 그 결과물은 예견된 것이다. 그것들은 그가 전략적으로 자신의 상황에 도입한 요인들의 결과이기 때문이다.

버크의 강제 기능은 그가 점점 더 좋은 음악을 만들 수 있는 이유이기도 하다. 그는 항상 이전 것을 능가하는 음악을 시도한다. 그래서 모호함, 새로움, 책임감을 수용한다. 새 앨범을 준비할 때마다 그는 익숙하지 않은 장르의 음악을 계속 듣는다. 새로운 양식과 기법을 익히도록 스스로를 다그친다. 그는 쉽게 앨범을 내길 바라지 않는다. 이전보다 높이 올라갈 수 있도록 앨범 작업을 할 때마다 자신이 허물어지고 겸손해지기를 바란다.

삶에 압박을 가중시키는 상황들을 어떻게 만들 수 있을까?

잘하는 사람들과 경쟁하라

찰스 다윈은 "가장 치열한 경쟁 관계에 있는 동물들은 일반적으로 거의 동일한 구조와 성질, 습관을 갖고 있는 동일하거나 유사한 속의 가장 유사한 종이다."라고 했다. 우리도 마찬가지다. 화가와 암벽 등반가의 경쟁은 의미가 없다. 암벽 등반가는 기술 수준이 비슷한 등반가와 경쟁함으로써 기술을 발전시킨다. 사업가도 같은 업계의 사람들과 경쟁한다. 그리고 같은 업계에서도 작은 회사는 대개 다른 작은 회사들과, 큰 회사는 다른 큰 회사들과 경쟁한다.

그런데 비슷한 수준의 사람들과의 경쟁은 느리고 미미한 발전만을 가져온다. 그러니 성장을 원한다면 현재 자신보다 앞서가는 사람들과 경쟁하는 것이 좋다. 보다 앞선 규칙에 따라 사는 법을 빠르게 배울 수 있기 때문이다. 조쉬 웨이츠킨은 《배움의 기술 : 내 실력을 200퍼센트 끌어올리는 힘》에서 이 원리를 어떻게 적용해 세계적인 태극권 고수가 됐는지 알려준다.

웨이츠킨은 자율 훈련 시간이 주어질 때 수강생 대부분이 자연스럽게 기술 수준이 같거나 약간 낮은 수강생들과 연습하는 모습을 목격했다. 자존심 때문일 가능성이 컸다. 대체 누가 지고 싶겠는가? 누가 어려운 상황으로 스스로를 내몰겠는가? 그런 사람은 많지 않다.

그러나 웨이츠킨은 그렇게 했다. '실패에 투자'한다는 자신의 규칙을 따랐다. 자율 훈련 시간에 일부러 자신보다 훨씬 기량이 앞선 이들과 연습했다. 당연히 그는 계속 걷어차였다. 하지만 이러한 시도는 그의 기술을 단시간에 크게 발전시켰다. 자신보다 몇 년 일찍 시작한 이들의 기량을 직접 경험할 수 있었고, 뇌의 거울신경이 그에게 실력이 우월한 경쟁자를 신속히 모방하고, 맞서고, 받아치도록 했다. 그의 실력은 다른 수강생보다 훨씬 빨리 향상됐다.

후성유전학에서는 환경이 선천적인 DNA보다 유전자 구성에 훨씬 큰 역할을 한다고 주장한다. 캘리포니아대학의 사회 유전체학 연구소의 소장인 스티븐 콜 Steven Cole 박사는 "세포는 경험을 생명 활동으로 바꾸는 기관"이라고 말했다. 인간의 유전자 구성은 환경의 산물이므로 항상 변화한다. 하지만 생명 작용을 변화시키는 것에는 분명 한계가 있다(적어도 지금까지는 그렇다). 환경의 영향을 받는다고 해서 무조건 키를 2미터 이상으로 만들 수는 없다는 말이다. 그러나 심리적으로는 전혀 다른 사람이 될 수 있다.

비슷한 수준의 사람과 경쟁하기보다 당신이 도달하고 싶은 수준의 사람과 경쟁하라. 항상 자신의 능력 이상을 추구하라. 성공하는 사람과 그러지 못하는 사람의 근본적인 차이가 거기에 있다. 성공하지 못하는 사람은 현재 상황을 기초로 결정을 내리는 반면에 성공하는 사람은 자신이 원하는 위치를 근거로 결정을 내린다.

사실 경쟁은 강력한 협력 형태다. 경쟁자들이 최고의 기량을 보여주면 우리도 최고의 기량을 끌어내는 것은 물론 더 높은 수준까지 도달한다. 그들의 창의력과 독창성에 의해 우리가 앞으로 나아간다. 고도의 기술을 가진 이들과의 경쟁은 새로운 기술들을 발견하게 해주므로 신나는 경험이다. 테니스 경기에서 한 선수가 신들린 듯 공을 네트 너머로 보내면 상대 선수도 맞받아치며 대응할 수밖에 없다. 그러므로 경쟁자가 믿기 힘든 기량을 보여주면 당신에게서도 놀라운 기량이 발휘된다. 재능은 홀로 성장하지 않는다. 당신이 속한 상황을 통해 성장한다. 그러므로 경쟁 상대는 대단히 중요하다.

비슷한 실력을 가진 사람들과 경쟁하는 일은 우리의 에너지를 소모시킬 뿐이다. 에너지 소모와 최고의 기량을 발휘하는 건 별개의 것이다. 사실 이 두 가지가 정면으로 충돌할 때도 많다. 대부분의 사람은 아마추어와의 경쟁에 만족하겠지만 성공을 꿈꾸는 사람이라면 세계적 수준의 선수들과 경쟁하고 싶을 것이다. 당신이 어느 분야에 있든 테니스 경기를 하는 것처럼 행동하라. 업계의 정상에 있는 이들이 네트 건너편에서 당신을 향해 강속구를 날리고 있다. 어떻게 대응할 것인가?

업계 정상들과 경쟁하겠다고 마음먹는다면 그들의 기량을 다른 각도에서 보게 될 것이다. 그들의 성과를 숭배하는 일을 멈추고, 그들을 연구할 것이다. 그들이 정확히 무엇을 다르게 하는지, 그들의 성과는 어떻게 만들어지고 광고되는지, 그들은 무엇을, 왜 하지 않는지를 연구할 것이다. 동시에 당신이 쉽게 개선할 수 있는 약점을 파악할 것이다. 그들이 내는 성과를, 네트 너머에서 당신을 향해 날아오는 테니스공처럼 보아야 한다. 이제 당신이 할 일은 더 멋지게 공을 받아치는 것이다.

최고의 능력을 끌어내려면 공개적으로 경쟁하라

경쟁은 사람들에게서 최고의 능력을 끌어내는 데 매우 효과적인 방법이다. 1955년부터 소련과 미국 사이에서 시작된 '우주 개발 경쟁'이 좋은 예다. 그 시절에는 미국인이라는 사실이 뿌듯함을 안겨줬다. 달에 가는 것은 모두에게 매우 중요한 일이었다. 바로 그런 도전과 경쟁이 항공우주공학뿐만 아니라 다른 많은 분야에서 급속한 혁신과 발전을 일으켰다. 사실 미국인들은 그 후로 그런 극적인 발전을 목격하지 못했다. 공개적인 경쟁이 그만큼 치열하지 않았기 때문이다. 1961년 케네디 대통령은 연설에서 이렇게 말했다.

"소련은 이미 대형 로켓 엔진을 개발했고 덕분에 현재 우리를 수개월 이상 앞서 있습니다. 그리고 앞선 위치를 활용해 당분간 더욱 인상적인 성공을 거둘 것이라는 가능성 역시 인식하고 있습니다. 하지만 그럼에도 불구하고 우리는 새로운 각오로 노력을 경주할 필요가 있습니다. 언젠가 선두가 될 거라고 장담할 수는 없지만, 그런 노력마저 기울이지 않는다면 꼴찌가 될 것이기 때문입니다. 우리는 전 세계가 보는 앞에서 경쟁하는 모험을 하고 있습니다. 우주 비행사 셰퍼드의 위업에서 볼 수 있듯이, 바로 그런 모험에서 거둔 성공이야말로 우리의 위상을 높여줄 것입니다."

전 세계가 보는 앞에서 달에 우주선을 착륙시키려는 경쟁은 점점 더 치열해졌다. 작가이자 리더십 코치인 대런 하디Darren Hardy는 샌디에이고 해변 근처에서 야외 사이클링 강습을 받았을 때 이와 유사한 상황을 경험했다고 털어놓는다. 이 특별한 사이클링 수업에서 사용되는 자전거에는 초대형 프로젝터 스크린에 연결된 전자기기가 부착되어 있었다. 그리고 그 스크린에는 각 수강생의 아바타가 자전거를 타는 모습과 그들의 이름, 얼굴이 나타났다.

사이클링 강습이 시작되자마자 스크린에는 누구의 자전거가 가장 멀리, 가장 빠르게 갔는지가 굵은 빨간색 글씨로 표시됐다. 약 50명이 수업을 들었는데 스크린에 나타난 수강생은 20명뿐이었다. 다른 수강생들은 물론이고 해변에 있던 수많은 사람들도 대형 스크린을 볼 수 있었다. 하디는 사이클링 강습에서 그때처럼 열심히 자전거를 탔던 적이 없었다고 고백했다. 이 특정 상황이 그가 높은 기량을 발휘할 수밖에 없도록 만들었던 것이다.

배운 것을
바로 활용하라

군사 교육이나 선교 사업 분야에서는 효율적인 학습 과정을 위해 '맥락 기반 학습'context-based learning이라는 교수 방법을 사용한다. 맥락 기반 학습은 협동 학습과 실생활에의 적용을 통해 지식이 획득되고 활용되는 사회적 상황에서 이뤄진다. 이는 단순히 교사에게서 정보를 전수받는 학습 방법과는 확연히 구분된다. 지식을 얻기 위해 학습자는 이론적 과제가 아니라 실생활 속 과제를 해결한다.

맥락 기반 학습은 대단히 실용적이고, 타당하며, 경험을 바탕으로 할 뿐만 아니라 대체로 개인적인 코칭과 수행에 대한 즉각적인 피드백을 제공하므로 학습 효과가 크다. 과제를 망쳤을 때 어떻게 하면 더 살할 수 있는지 코칭을 받을 수 있다. 그런 다음 코칭받은 기술이 무의식적으로 저절로 나올 때까지 반복적으로 연습한다

맥락 기반 학습의 과정은 다음과 같다.

1. 피상적 수준에서 개념을 배운다.
2. 그 개념을 현실 상황에서 연습하고 사용하여 개념에 대해 이해하고 실질적 지식을 얻는다.
3. 즉각적인 코칭과 피드백을 통해 매끄럽지 못한 부분을 정리한다.
4. 짧은 시간 안에 집중적으로 반복을 거듭해 자동화되도록 한다.
5. 지식과 기술을 평가해 다시 코칭과 피드백을 받는다.

역할 놀이가 수줍음이 많은 청소년의 자아개념에 미치는 영향을 검토한 흥미로운 연구가 있다. 한 청소년 집단은 전통적인 토론에 기초한 훈련을 받고, 다른 집단은 역할 놀이에 기초한 훈련을 받았다. 역할 놀이 훈련을 받았던 집단은 자아개념에 유의미한 긍정적인 변화를 경험했고, 이는 행동에도 유의미한 영향을 미쳤다. 최근 디지털 세상에서는 역할 놀이와 실생활 시나리오를 기반으로 한 시뮬레이션 훈련이 점점 인기를 얻고 있다. 또한 지속적인 피드백이 효과적인 학습에 필수라는 사실도 연구를 통해 밝혀졌다.

진정한 학습은 당신이 세상을 보고 행동하는 방식에 영구적인 변화를 가져온다. 정보의 축적은 학습이 아니다. 많은 사람이 정보로 머리를 가득 채우지만 정작 그것들을 어디에 써야 할지 모른다.

빠른 학습 효과를 원한다면 학습 내용에 몰두하고 배운 내용을 즉시 활용해봐야 한다. 스페인어를 배우는 가장 빠른 방법은 스페인 문화에 빠지는 것이다. 매일 15분씩 낱말 카드를 보고 단어를 외우는 방법도 결국에는 스페인어를 배우는 데 도움을 준다. 하지만 며칠 동안 스페인어에 빠져서 생활하는 것이 몇 달간 조금씩 배울 때보다 더 효과적이다.

앞으로 달려가고 싶다는 동기가 강해지려면 나아갈 길이 명확해야 한다. 눈앞에 더 분명한 길이 보일수록 그 길로 가겠다는 동기가 강해진다. 따라서 자신의 동기 수준을 높이려면 실행할 일들을 명확히 해야 한다.

가장 훌륭한 멘토는
당신이 돈을 지불한 멘토다

돈을 지불하지 않은 일에 집중하는 경우는 드물다. 사람들은 공짜를 좋아한다. 하지만 자기 돈과 자원, 시간을 투자하지 않은 곳에 자신을 투자하기란 대단히 어렵다.

자신에게 얼마나 투자하는가?

자신에게 얼마나 전력을 다하는가?

자신에게 투자하지 않는다면 아마도 당신의 인생은 제자리걸음일 것이다. 당신의 사업에 투자를 하지 않는다면 아마도 큰 성과를 내지 못할 것이다. 무엇을 줄 수 있을까보다 무엇을 얻을 수 있을까에 골몰하느라 인간관계에 투자를 하지 않는다면 당신을 도와줄 사람을 얻지 못할 것이다.

수입의 10퍼센트를 자신에게 투자해 사기계발에 힘쓴다면 100배 이상의 이익을 얻을 수 있다. 자신의 교육, 기술, 인간관계를 위한 투자 역시 100배 이상으로 돌려받을 것이다. 어떤 일을 아주 잘하고 싶다면 그 분야에서 뛰어난 멘토를 가까이 하라. 높은 목표를 달성하려면 실력 있는 멘토의 가르침이 필요하다. 당신이 열심히 노력하는데도 불구하고 엉망인 일이 있다면 그것은 적절한 멘토링을 받지 못했기 때문이다.

가장 훌륭한 멘토는 당신이 돈을 지불한 멘토다. 많은 돈을 지불할수록 좋다. 그러면 당신이 멘토와의 관계를 더 진지하게 받아들일 것이기 때문이다. 이제 자신에게 관심과 시간을 투자할 것이고, 멘토의 조언을 주의 깊게 경청할 것이다. 당신은 더 신중하고 더 적극적이 될 것이다.

나는 처음 출판 제안서를 작성하면서 성공한 작가에게 도움을 청했다. 3,000달러를 투자해 네다섯 시간 정도 그의 도움을 받은 것이다. 그는 그 시간 동안 훌륭한 출판 제안서를 작성하기 위해 알아야 할 핵심 사항들을 알려줬다. 내 제안서를 크게 개선시켜주고 작성 과정에 도움이 될 자료들도 알려줬다.

그의 도움을 받아 나는 출판 에이전트를 구할 수 있었고, 결국 큰 출판사와 계약했다. 내가 3,000달러를 아까워했다면 지금까지도 출판 제안서를 쓰지 못했을 거라고 확신한다. 설령 썼다 해도 엉망이었을 것이다. 의욕적이지도 않았을 테고, 시간을 투자하지도 않았을 것이다. 따라서 일이 성사되는 데 필요한 행동을 미뤘을 것이다.

돈이 많지 않다고 해도 책을 살 여유는 있다. 유흥이나 옷, 음식에 쓰는 돈과 시간을 생각해보라. 이것은 우선순위의 문제다. 무언가에 투자를 하면 그때야 비로소 동기부여가 된다. 자신의 성장을 위해 온라인 강좌나 책에 투자하라. 일반적으로 성공 여부는 투자 수준에 의해 어느 정도 가늠될 수 있다. 만일 당신이 원하는 결과를 얻지 못하고 있다면, 그만큼의 투자를 하지 않았기 때문이다.

멘토를 고용함으로써 얻는 가장 큰 이점은 자신의 작업에 불만을 느낄 것이라는 점이다. 지금까지의 작업을 훨씬 능가하는 성과를 냈다고 해도 멘토는 아직 갈 길이 얼마나 먼지 바로 지적해준다. 따라서 프로젝트를 끝내거나 기술을 향상시켰을 때에도 미진한 느낌이 들 수밖에 없다. 이는 정확히 우리에게 필요한 감정이다. 그런 감정이 우리가 하는 일에 필요한 기교와 원리를 더 깊이 파고들면서 한층 더 노력하도록 만들기 때문이다. 상향 조정된 사고와 비전은 자신의 능력을 향상시키는 일이 시급하다고 생각하게끔 한다.

자신의 삶과 현재의 일에 대해 느끼는 불만족은 개인적인 발전을 불러오는 동기가 될 수 있나. 그것은 한편으로 고통과 초라함을 느끼는 원인이 될 수도 있다. 이런 불만족은 감사한 마음이 부족해서가 아니라 기대치가 높아지고 개인적 기준이 강화됐기 때문에 생긴다. 더 이상 현재 상황과 결과가 마음에 들지 않는다는 것은 이제 자신에게 더 많은 것을 기대하고 원한다는 의미다. 비전도 경험과 훈련을 통해 확장되어간다.

"새로운 경험에 의해 성장한 마음은 예전의 수준으로 돌아갈 수 없다." 올리버 웬들 홈스 주니어 Oliver Wendell Holmes Jr.의 말처럼 이제 성장하는 일만 남았다. 당신은 이제 더 높은 수준을 원한다. 그리고 잠시 낙심할 수는 있겠지만 현재 느끼는 불만족이, 자신이 계속 향상되고 있다는 신호임을 알게 될 것이다.

반복을 통해 무의식 수준까지 학습하라

내가 배운 내용을 적용해보는 동안 선생님은 멀리서 나를 지켜보고는 했다. 나는 매번 방금 배운 내용을 기억하려 무던히 애를 써야 했다. 처음에 배운 내용을 적용할 때는 많은 시간과 노력이 필요했다. 우리는 그 과정을 반복 또 반복했다. 시간이 흐르면서 나는 능숙해졌고 그에 따라 자신감도 강해졌다.

새로운 내용을 학습하고 암기하려면 기본적으로 그것을 활용해야 한다. 처음에는 작업기억 또는 단기기억 담당 영역인 전전두피질이 어떻게 과제를 수행할지 생각해내느라 매우 바쁘다. 하지만 일단 능숙해지면 전전두피질은 한가해진다. 사실상 90퍼센트까지 여유가 생긴다. 이렇게 되면 그 과제는 자동으로 수행할 수 있어서 의식은 다른 일에 집중할 수 있다. 자동화된 것이다. 이것은 심리학에서 말하는 과잉학습overlearning 또는 과잉훈련overtraining 상태다. 자동화 과정은 다음의 네 단계를 거쳐 진행된다.

1. 작은 단위의 정보를 반복적으로 익힌다. 농구를 한다면 동일한 슈팅을 반복해서 연습한다. 이때 핵심은 초기 숙달 단계를 넘어서는 것이다.

2. 훈련을 점진적으로 어렵게 만든다. 너무 어려워서 할 수 없을 때까지 과제를 점점 어렵게 만드는 것이 좋다. 그런 다음 난이도를 약간 내려 현재 자기 능력의 상한선 가까이에 오게 한다.

3. 시간 제한을 추가한다. 수학 교사들은 점점 시간을 줄여가면서 학생들에게 어려운 문제를 풀게 한다. 시간 요소가 추가되면 학생들은 두 가지 어려움을 겪는다. 첫째, 문제를 빨리 풀어야만 하며 둘째, 시간의 경과를 계속 의식해야 하므로 작업기억 용량의 일부를 빼앗긴다.

4. 기억 부하를 늘리면서 연습한다. 다른 일들을 생각하면서 과제를 해결한다. 의도적으로 방해 요인을 추가하는 셈이다.

학습 내용을 유연하고 융통성 있게 이해하는 것이 중요하다. 그리고 학습한 내용을 여러 상황과 목적에 맞게 적용해보는 것도 필요하다. 그렇게 해야만 철저히 학습할 수 있다.

변화의 과정을
관찰하라

사실 책임감이 가장 중요하다. 그러나 대부분의 환경에서는 책임감이 거의 존재하지 않는다. 개인적 일과 행동에 대해 책임을 요구받는 사람은 거의 없다. 스스로 책임을 지는 사람도 거의 없다.

나는 1년 과정의 온라인 강좌를 진행할 때 책임감에 대한 사람들의 반감과 싸우기 위해서 노력했다. 1주일마다 강의 마지막에는 개인적 목표를 글로 써보기, 집중을 방해하는 특정 요인 제거하기와 같은 과제를 내주었다. 그리고 수강생들에게 아침과 저녁 일과를 계속 제출하라고 요구했다. 그러던 어느 주에 나는 사전 공지 없이 특정 수강생들에게만 다음 강의를 공개했다. 과제와 함께 아침과 저녁 일과를 기록해 제출한 수강생에게만 강의를 공개했던 것이다. "성과를 측정하면 성과가 향상된다. 성과를 측정해서 보고할 때 향상 속도는 더욱 가속화된다."는 토머스 몬슨Thomas S. Monson의 말을 적용해 실행한 일이었다.

수강생들 중 다수는 엄격해진 강의를 좋아했다. 내가 성실하게 그들에게 책임을 물어준 점을 고마워했다. 또 몇몇은 이메일을 보내서 이 일이 자신들의 삶에 전환점이 됐다고 이야기해주었다. 이후 수강생들은 과제와 하루 일과를 제출하는 일을 게을리 하지 않았다. 그들의 행동에 따라 다음 강의의 수강 여부가 결정되게 만들자 과제를 열심히 하지 않을 수 없었다. 덕분에 그들은 매일 자신의 목표에 얼마나 다가가고 있는지 기록하고 내게 (그리고 일기에) 보고하는 것이 가치가 있다는 것을 알게 됐다.

물론 내가 온라인 강좌에 집어넣은 돌발 변수를 모든 수강생이 좋아한 것은 아니었다. 한 사람은 불만 섞인 이메일을 보내왔다. "이미 수강료를 냈는데 강의를 볼 수 없다는 겁니까? 제가 잘못 이해한 거겠죠?"라며 씩씩댔다.

나는 이렇게 답장을 보냈다. "아뇨, 잘못 이해한 게 아닙니다. 강의를 신청하실 때 이 강의는 다른 강의와 다르게 구성되어 있다고 말씀드렸습니다. 미리 모든 강의 내용을 제공하는 대신에 경험학습의 과정에 따라 강의를 제공한다고 말입니다. 지금 회원님이 겪고 있는 감정과 좌절감도 이 강좌의 내용입니다. 동영상과 PDF 파일이 강의의 전부가 아닙니다. 이렇게 하는 이유는 회원님이 실제로 행동하도록 촉구하기 위해서입니다. 따라서 회원님이 책임감을 보여주지 않는한 강의의 내용은 볼 수 없습니다."

강의에 변화를 주자마자 자기 성장을 위해 노력하는 수강생들과 단순한 정보 소비자들이 즉시 구분됐다. 상과 벌을 제공하는 학습 환경을 만들자 몇 개월 전에 중도 포기했던 수강생 몇 명이 강좌로 복귀했다. 그들의 마음속에 잠재돼 있던 열정이 외부의 높아진 기대에 의해 다시 샘솟은 것이다. 몇 사람은 변화에 불만을 가졌지만 대다수는 강의를 한 단계 향상시켜준 점을 좋아하고 고마워했다.

우리 모두는 삶을 향상시키기를 바란다. 개인적 발전을 위해 투자를 했을 때는 더욱 그렇다. 이 책의 절반 이상을 읽는 투자를 한 지금, 당신의 물리적 환경은 얼마나 달라졌는가?

당신은 얼마나 학습 환경을 변화시켰는가?

당신은 어떻게 자신에게 책임을 부여하고 있는가?

당신이 환경에 위임한 것은 무엇인가?

당신은 어떤 강제 기능을 마련했는가?

당신은 성공에 대한 압박을 더 느끼는가?

현장 경험과 실패가
필요하다

큰 목표를 달성하려 한다면 그 길은 불분명하고 모호해 보일 것이다. 사람들은 미지의 상황에 대한 두려움 때문에 그 목표를 버리고 덜 낯선 환경에서 좀 더 쉽고 명확한 목표를 추구한다. 그래서 로버트 브로Robert Brault는 "목표 달성이 어려운 이유는 장애물이 가로막고 있어서가 아니라 덜 중요한 목표로 가는 길이 쉬워 보이게 하는 유혹 때문이다."라고 했다.

강력하게 동기부여가 되기 위해서 목표의 명확성은 필수다. 즉 앞으로 나아갈 수 있을 정도의 명확성을 확보해야만 한다. 물론 약간의 불확실성을 수용하는 일도 불가피하다. 큰 목표는 가까이 다가가기 전까지는 자세히 보이지 않기 때문이다.

'명확성'이 모든 것을 파악하고 있어야 한다는 뜻은 아니다. 그것은 바로 다음의 한두 단계를 확실히 안다는 의미다. 만약 당신의 꿈은 50킬로미터 지점에 있고 현재 당신이 1킬로미터 지점에 있다면 3~4킬로미터까지 가기 위한 정보와 지원만 있으면 된다. 일단 거기까지 도착하면 다음 정보와 지원을 얻을 수 있다.

하지만 거기에 도달하기 전에는 모든 것이 명확하지 않다. 목표에 가까워질수록 당신은 정보를 찾을 수 있는 더 좋은 질문을 할 수 있을 것이다. 그리고 다음 지점까지 갈 수 있도록 도와줄 사람이 누구인지 더 잘 찾아낼 수 있다.

우리 모두는 보물찾기를 하고 있으며 하나둘씩 단서와 표지를 발견하고 있다. 불확실성과 괴로운 감정이 곳곳에 도사리고 있다. 그것은 보물, 즉 큰 목표를 추구하면 겪게 되는 과정이며 정서적 경험이다. 사람늘이 1킬로미터 지점에 서서 50킬로미터 지점까지의 거리에 압도당할 때 당신은 온힘을 다해 1킬로미터씩 앞으로 나아가야 한다.

사람들이 망설이며 숲을 응시하는 동안에 나무들 사이로 지나가야 한다. 그리고 마침내 숲을 통과할 것이다.

당장 해답을 알려 하기보다는 해답을 향해 다가갈 정보를 얻어야 한다. 그리고 관련 정보를 얻는 가장 빠른 길은 실패와 경험이다. 성공을 위한 환경이 교실이나 심리 치료실일 수는 없다. 경험의 현장이어야 한다. 효과적인 학습을 위한 환경 설계에는 현실적인 경험들이 포함된다. 현실은 본질적으로 도전적이고 위험 부담이 크며, 결과는 즉각적이다. 현실에 기반한 학습은 가장 어렵고 고통스러운 방법이지만 가장 효과적인 방법이기도 하다.

2014년 제인 숙모가 어느 정도 지위가 있는 사람들만 가입할 수 있는 조 폴리시의 지니어스 네트워크 마스터마인드 그룹에 합류했다. 지니어스 네트워크Genius Network는 '산업 혁신가'들이 서로 관계를 맺으며 협업하고, 가르치고, 도와줄 수 있는 환경을 제공하는 것을 목적으로 한다.

지니어스 네트워크 행사에 몇 차례 다녀온 뒤 제인 숙모는 완전히 달라졌다. 자신감, 명확성, 집중력이 향상된 듯 보였다. 그녀는 회사를 위해 훨씬 더 대담하고 영리한 마케팅을 펼쳤다. 지니어스 네트워크의 핵심 철학 중의 하나는 '10배로 생각하라'다. 가령 당신이 1년에 5만 달러를 번다면 다음 해에 50만 달러를 벌겠다는 목표를 세우라는 것이다. 그렇게 하려면 삶의 방식과 사업 방식을 근본적으로 바꿔야만 한다. 이것은 점진적인 성장 방식으로는 이룰 수 없는 혁신적이고 놀라운 변화다.

조 폴리시는 10배로 생각하라는 철학을 매우 진지하게 실천한다. 지니어스 네트워크에 가입하는 신입 회원은 2만 5,000달러를 연회비로 낸다. 그것으로 끝이 아니다. 회원들은 그해에 수입을 최소 25만 달러 이상 늘려야 하는데, 그러지 못할 경우 다음해에 지니어스 네트워크 회원으로 남을 수 없다. 초기 투자금, 즉 연회비의 10배를 얻어내지 못한다면 그 사람이 지니어스 네트워크에 맞지 않는다는 이유에서다.

2014년 제인 숙모가 지니어스 네트워크에 가입했을 때 나는 클렘슨대학에서 박사과정을 막 시작했다. 숙모가 이만저만 부러웠던 게 아니다. 그때 나는 나중에 지니어스 네트워크 회원이 되고 말겠다고 결심했다. 내 롤모델들 중 다수가 그곳의 회원이었다. 나는 그들의 동료가 되고 싶었다. 그때까지 블로그 포스팅조차 해보지 못했고, 제대로 돈을 벌어보지도 못했지만 내게는 꿈이 있었다.

제인 숙모는 내게 지니어스 네트워크 태그를 주었고 나는 그걸 책가방에 달고 다녔다. 캠퍼스를 돌아다니면서 지니어스 네트워크에 대해 자주 생각했다. 그 태그는 언젠가는 그 마스터마인드 그룹에 들어가겠다는 꿈을 일깨워주는 물건이었고, 끊임없이 나를 자극했다. 하지만 내가 회원이 되고 싶었던 이유가 오로지 롤모델들과 어울리고 싶어서만은 아니었다. 나도 그 조직에 기여하고 싶었다.

또 다른 성공을 위해
계속 변화하라

주목할 만한 온라인 플랫폼을 키우고 아주 유용한 마케팅 기술들을 배운 후, 2017년 7월 나는 지니어스 네트워크에 지원할 때가 됐다는 판단을 내렸다. 2만 5,000달러를 투자하기가 좀 부담스럽기는 했다. 여전히 나는 대학원생이었고, 학비를 자비로 충당하고 있었기 때문이다. 그러나 지니어스 네트워크가 10배 규정을 달성할 동기와 관계, 기술을 제공해주리라는 믿음이 있었다. 또 내가 얻을 수 있는 이익이 순전히 금전적인 것만은 아닐 거라고 생각했다. 사실 지니어스 네트워크 회원이 되자마자 나는 새로운 정체성을 얻은 기분이었다. 그리고 3년간 이루려고 노력했던 목표가 얼마 안 돼 현실이 되었다.

단순히 어떤 환경에 들어간다고 해서 사람이 완전히 변하지는 않는다. 그래서 나는 회원으로 가입하기 전에 어떻게 하면 그 경험을 극대화할지 미리 분명한 전략을 세웠다. 전략은 간단했다.

초점을 자신이 아닌 다른 사람에게로 돌려라. 그리고 진정으로 최선을 다해 다른 사람을 돕는 넉넉한 마음을 가져라. 조 폴리시의 말을 기억하라. "인생은 베푸는 사람에게는 베풀고, 받기만 하는 사람에게는 받아간다."

나는 회원으로 등록하자마자 애리조나에서 열리는 다음 소그룹 모임에서 발표를 하겠다고 자원했다. 나의 최고 전략들을 효과적으로 전달하기 위해서 연설 코치인 조엘 웰던Joel Weldon의 도움까지 받으며 열심히 준비했다. 사람들이 내가 발표한 내용을 쉽게 이해하고 실행 가능할 것 같다는 느낌을 받아서 자연스럽게 그 원리들을 실행해 보고 싶은 의욕을 느꼈으면 했다. 나는 웰던의 코치를 받는 것 외에도 내 일기를 시각화 자료로 활용했다. 그리고 무사히 발표를 마쳤다.

발표를 하는 동안 내가 원하던 것 이상으로 적절한 환경이 만들어 졌음을 느꼈다. 그리고 2개월 후 연례행사에서 동일한 주제로 이야기를 해달라는 초청을 받았다. 어떻게 하면 400명에 달하는 참석자에게 유익한 이야기를 해줄 수 있을지 다시 고민을 시작했다.

이 책의 출판을 계획하고 있었던 나는 2017년 11월, 지니어스 네트워크 연례행사 참석자들에게 사전 편집본을 선물하고 싶다는 생각을 했다. 연례행사까지 3개월밖에 시간이 없었으며, 편집자들은 3월에 발간할 책의 초고를 아직 확정짓지 못한 상태였다. 아셰트 출판사의 편집자는 내 계획을 듣고 매우 놀랐다. "우리는 보통 저자에게 20권 정도를 드리는데, 400권이 필요하시다고요?"

나는 원하는 바가 확실했으므로 그 이유를 열정적으로 설명했다. 내 목표는 이 책과 아이디어를 최대한 널리 퍼뜨리는 것이었다. 목표가 분명하고 확실할 때 그 실행 전략은 필연적으로 대담하고 영리해진다. 나는 목표의 달성을 확실하게 해줄 조건들을 만들었다. 목표 달성을 위해 어떤 투자를 더 해야 할지 계속 검토했으며, 얼마나 전력을 다하고 있는지 널리 알렸다.

내 열정이 편집자에게 전해졌음이 틀림없다. 사전 편집본 400권을 연례행사 날짜에 맞춰 배부하겠다는 내 계획을 들은 후 편집자는 출판사의 승인을 얻어냈다. 나는 필요하다면 뉴욕까지 가서 내 돈으로 책을 구입해 직접 가져오려고도 했다. 아무것도 나를 막을 수 없었다. 이 책을 위해 여러 가지 투자를 하는 동안 내 심리 상태도 달라졌다. 여러 가지 투자를 통해 내 환경을 향상시킴으로써 나는 마침내 저자가 되었다.

현재에 만족하거나 성공에 취하지 마라

어떤 환경에 있든 대부분의 사람들은 심리학적으로 정규 분포의 가운데에 위치할 것이다. 그러니까 대다수는 상당히 비슷한 삶을 살아갈 거라는 말이다. 분포 곡선의 양쪽 끝에는 표준만큼 결과를 내지 못하거나 반대로 표준을 훨씬 능가하는 아웃라이어들이 있다.

적응력이 뛰어난 학습자는 현재에 고착되지 않고 계속 발전해간다. 그들은 어려운 상황에 뛰어들고 그것을 통해 자신의 정체성이 바뀌기를 원한다. 때문에 새로운 역할을 맡고 새로운 문화를 흡수한다. 그들은 학습하는 모든 내용을 받아들여 즉시 적용함으로써 자신을 새로운 환경의 표준으로 빠르게 끌어올린다.

당신이 멘토링이나 훈련을 받기 위해 많은 투자를 한다면, 투자 자체가 발진해야 한다는 동기를 부여한다. 투자는 강제 기능 역할을 하며, 또한 귀환불능지점 역할도 할 수 있다. 귀환불능지점은 도착점이 아니라 출발점이다. 당신이 원하는 변화를 가져오기 위해 전력을 다하는 순간이다. 따라서 투자로 인해 생겨난 의욕을 새로운 환경이 제공하는 모든 것을 학습하는 데 쏟아야 한다. 학습한 내용을 바로바로 적용하면 당신은 변화한다. 더 나아질 것이고 더 성장할 것이다. 그러면 분명 지평을 넓히고 싶어질 것이다. 새로운 환경의 상한선이 어디인지 보일 것이며 그 상한선을 초월할 방법을 발견할 것이다.

당신은 한 멘토와 너무 오래 붙어 있거나, 한 환경에 너무 오래 머물러 있어서는 안 된다. 이런 흐름을 정확히 알려주는 노자의 말이 있다. "학생이 준비가 되면 스승이 나타날 것이다. 학생이 정말로 준비가 되면 스승은 사라질 것이다."

적응력이 뛰어난 학습자는 결코 어느 한 단계에 머물지 않는다. 각 단계마다 있는 규칙과 가르침을 학습될 때까지 반복하고 다음 단계로 넘어간다. 그러나 사람들은 특정 환경의 규칙에 따라 얻어낸 성과나 결과에 만족하며 거기에 안주한다. 크게 성공한 사람이 연달아 성공하기가 어려운 이유가 바로 여기에 있다. 그레그 맥커운의 지적처럼 성공이 실패의 촉매제가 된다.

성공에 취하지 마라.

당신이 얻은 결과와 이룬 발전에 만족하지 마라. 당신이 얼마나 발전했는지 인정하라. 하지만 거기 머물지 마라. 대신 더 앞서 나가는 멘토와 경쟁자들을 주변에 두라. 기준을 지속적으로 상향 조정해 더 높은 성과를 내고 더 많은 기여를 하라. 절대로 고정형 사고방식에 빠져 정체되지 마라. 당신은 유동적이다. 당신이 변하는 데는 한계가 없다.

지금 당신은 정체되어 있는가?

지금의 환경에 안주하고 편안함을 느끼는가?

당신을 둘러싼 환경이 제공하는 편의에 만족하는가?

환경이
에너지를 만든다

지니어스 네트워크 행사에 참석하는 것은 소방 호스의 물을 받아 마시는 것과 비슷하다. 정말이지, 모든 가르침을 소화하고 종합할 수가 없다. 최상급 마케팅 교육 과정과 자기계발 훈련을 이틀간 연속으로 열 시간씩 받는 것과 같다. 지친다. 하지만 그와 동시에 일상에서 벗어난 휴식과 회복의 시간이기도 하다. 그곳에서 나는 의지력 연구의 결함을 다시 발견했다.

연구에 의하면 의지력은 에너지 저장고다. 에너지가 소진되면 끝이다. 그러나 엘런 랭어의 마음챙김에 관한 연구에서는 환경을 바꾸면 에너지가 급격히 증가한다는 결과를 얻었다. 실제로 나는 지니어스 네트워크 행사에 참석했을 때 샘솟는 에너지를 확인할 수 있었다. 평소의 환경을 떠나서 더욱 힘든 일에 몰두하자 새롭고 참신한 환경 덕분에 에너지가 증가한 것이다.

---------------------------- + Special Point + ----------------------------

이 챕터의 목표는 동기와 의지력의 강조가 부적절하다는 점을 보여주는 데 있다. 긍정적 스트레스와 요구 사항이 많은 강화된 환경을 조성한다면 의식적으로 노력하지 않아도 성공하고자 하는 동기와 의지력이 하늘을 찌른다. 환경과 충돌하지 않고 환경에 의해 앞으로 나아가는 것이다. 이 챕터에서는 강화된 환경이 동기부여를 하게 만드는 구체적인 전략들로 다음과 같은 방법들을 자세히 살펴봤다.

- 외부 압력을 가하고 책임을 물을 여러 장치를 강구한다.
- 목표를 공개한다.
- 고객과 팬들이 큰 기대를 하게 만든다.
- 프로젝트에 미리 투자하고 일정을 미리 잡는다.
- 자신보다 높은 수준의 사람들과 어울린다.
- 경쟁을 협력의 한 형태로 보고 자신보다 기량이 월등한 사람들과 경쟁한다.
- 전력을 다해 노력한 다음 공개적으로 연습하거나 실행한다. 남들 앞에서 수행할 때의 외적 압박은 성공하고자 하는 내적 압박을 더욱 증가시킨다.

- 큰 목표를 향해 바로 다음의 단계들로 나아가는 데 필요한 명확성을 확보한다.
- 자신이 하고자 하는 일에서 세계적인 수준의 멘토를 찾는다.
- 롤모델 등 삶에 자극을 준 사람들이 많은 그룹에 가입한다.

당신이 지금 있는 곳이
미래를 바꾼다

더 나은 환경으로 나아가려면
현재의 환경에 손을 써야 한다.
__월레스 워틀스 Wallace Wattles

당신이 있는 환경은 당신이 하려는 행동에 확실히 부합해야만 한다.
침실에 TV를 두지 말아야 하는 것도 이런 이유 때문이다. 침실은 TV
를 보기 위한 공간이 아니다. TV는 주방이나 화장실에 두는 것이 낫
다. 그것이 조금 이상해 보일 수도 있겠지만, 침실 환경을 잘못 설계해
잠을 청하기가 어렵게 되어 수면 부족에 시달리는 것보다는 큰 문제
가 아니다.

사람들이 밤에 잠을 잘 이루지 못하는 주요한 이유는 침실에 들어

섰을 때 다른 일을 하도록 자극하는 환경 때문이다. 쾌적한 수면을 위해 침실은 숙면을 취하도록 유도하는 자극으로만 채워져야 한다. 그 목표를 방해하는 요소는 없어야 한다. 잠옷을 입는 것도 도움이 된다. 그 또한 졸리게 만드는 자극제가 될 수 있다.

침실이 수면을 유도해줘야 하듯이, 일을 하는 물리적 공간 역시 일 하는 데 부합해야만 한다. 컴퓨터로 일을 하는 사람들이 점점 증가하고 있는데, 컴퓨터로 하는 작업들은 아주 다양하다. 그 다양한 작업을 동일한 물리적 공간에서 하는 것은 최상의 방법이 아니다. 그보다는 일의 종류와 확실히 연관이 있는 여러 작업 공간을 확보하는 것이 좋다. 각각의 환경은 일의 종류에 따라 필요한 정신 상태를 유도해줄 것이다.

새로운 세상에 알맞은 일하기 방식

오전 9시부터 오후 5시까지 일하는 전통적인 근무 방식은 높은 생산성을 가져오는 구조가 아니다. 대부분의 일이 육체노동에 집중돼 있던 시절에는 그런 장시간 근무가 타당했겠지만, 현재 우리가 살고 있는 지식 기반 세상에서는 타당하지 않다. 내 말이 믿기지 않는가? 현대사회와 동떨어진 이 노동 문화가 미치는 영향을 한번 살펴보자. 사람들이 보통의 성과밖에 못 내고, 각성제에 중독되며, 일에 몰두하지 못하고, 자기 직업을 혐오하기까지 한다. 이런 행동들은 21세기의 노동과 맞지 않는 환경이 가져온 결과다.

대부분의 일이 육체노동에서 정신노동으로 바뀜에 따라 많은 기관과 국가가 그 변화를 인식했다. 그 결과 근무 시간을 1주일에 30시간으로 단축하는 곳이 생겨났으며, 사람들에게 원격근무를 허용하는 곳도 많아졌다. 칸막이 사무실은 대체로 창의적 작업 등 정신노동에 적절한 환경이 아니라는 사실을 알기 때문이다.

전통적인 여덟 시간 근무제는 새로운 체제가 이제는 의미 없어진 예전 규칙들로 운영되는 대표적인 예다. 세상이 변했다. 변한 세상에 여덟 시간 근무제는 잘 맞지 않는다. 성공하고 싶다면 새로운 체제의 규칙들을 이해하고 그것들을 성공적으로 실행하기에 적합하도록 환경을 바꿀 필요가 있다. 오늘날의 새로운 규칙에 따르면 우리에게 가장 요구되는 유익한 기술은 아이디어와 창의성이다.

창의적인 작업에는 1~4시간 동안 극도로 집중해서 일을 한 다음, 전혀 다른 환경에서 느긋이 정신적 휴식을 취하는 방식이 필요하다. 환경을 주기적으로 바꿔야 한다. 한 연구에서는 응답자의 겨우 16퍼센트만이 근무 중에 독창적인 통찰을 얻었다고 보고했다. 아이디어는 대개 집에 있을 때나 차로 이동하는 도중에, 여가 활동을 하는 동안에 떠오른다. 삼성반도체 사장을 역임한 스콧 번바움Scott Birnbaum도 "가장 독창적인 아이디어가 떠오를 때는 모니터를 바라보는 동안이 아니다."라고 이야기했다.

어떤 과업을 직접 처리하고 있을 때 생각은 오로지 당면한 문제에 집중된다(직접적 숙고). 그와 반대로 일을 하지 않을 때는 생각이 이리저리 분산된다(간접적 숙고). 운전을 하거나 다른 여가 활동을 하는 동안 주위 건물이나 풍경 같은 외부 자극은 무의식 수준에서 기억이나 다른 생각들을 촉발시킨다. 우리의 생각이 여러 다른 주제들과 과거, 현재, 미래의 시간을 오간다. 그런 까닭에 뇌는 우리가 해결하려는 문제와 관련이 있지만 서로 동떨어져 있는 요소들 간에 독특한 연관성을 찾아낼 것이다. 유레카! 결국 창의성은 뇌의 다른 영역들 간의 연관성을 찾아내고 만다.

창의적인 정신노동을 할 때는 여덟 시간 근무와 같은 임의적 규칙에 따라 일하는 대신에 에너지 수준이 최고인 시간 동안 일하는 것이 바람직하다. 심리학자 론 프리드먼Ron Friedman은 하루 일과를 시작한 후 세 시간이 최대의 생산성을 얻을 수 있는 중요한 시간이라고 주장한다. 그는 《하버드 비즈니스 리뷰》에 기고한 글에서 다음과 같이 이야기한다. "일반적으로 우리가 일에 집중하는 시간은 세 시간 정도다. 그 시간 동안은 계획의 측면에서나, 사고의 측면에서나, 말하기 측면에서나 아주 원활하다."

뇌, 특히 전전두피질이 자고 일어난 직후에 가장 활동적이며 창의적 생각을 쉽게 떠올린다는 사실은 연구로도 입증됐다. 당신이 잠을 자는 동안 잠재의식은 이리저리 배회하며 맥락과 시간을 뛰어넘는 특별한 연관성을 찾아낸다. 잠을 자는 동안에 경험한 무의식 수준의 획기적 발상을 포착해내는 확실한 방법은 잠에서 깨는 즉시 일기를 쓰거나 메모를 하는 것이다. 일기를 쓰는 동안 성취하려는 목표와 관련이 있는 생각들을 전부 지면에 쏟아내다 보면 놀라운 발상과 만날 수 있다.

일기를 쓰는 동안에는 생각이 흐르는 대로 놓아두는 것이 좋다. 지나치게 생각의 초점을 맞추지 않는 것이 좋다는 의미다. 이런 사고의 표류가 당신이 자는 동안 떠올랐던 바로 그 획기적 발상으로 인도해줄 것이다.

나는 이런 식의 일기 쓰기를 거의 10년간 해왔다. 체육관 밖에 주차하고 차 안에서 일기를 쓰는 동안 글의 소재나 연락해야 할 사람들을 떠올리곤 했다. 내 인간관계 중에는 일기를 쓰는 동안 떠올라 적극적으로 연락을 취한 사람들이 많다. 그들과 나는 시간이 흐르면서 변혁적 관계로 발전했다.

이 경험을 극대화하기 위해서는 잠을 자는 동안 잠재의식의 흐름을 이끄는 데 능숙해질 필요가 있다. 발명가 토머스 에디슨_{Thomas Edison}은 "잠재의식에 암시를 주지 않고는 절대 잠들지 말라."고 했다. 깨어있는 상태에서 깊은 수면 상태로 넘어가는 동안 뇌파는 활성화된 베타파에서 알파파와 세타파를 거쳐 최종적으로 델타파로 바뀐다. 그런데 세타파 상태일 때 잠재의식의 재구성이 이뤄지므로, 잠들기 직전에 잠을 자는 동안 마음이 무엇에 집중하기를 원하는지 생각하고 시각화하라. 이렇게 하면 잠재의식에 암시를 주게 된다.

환경을 바꾸면
에너지, 생산성, 창의성이 향상된다

고도의 정신노동을 할 수 있는 시간은 하루 3~5시간에 불과하다는 연구 결과가 있다. 하지만 소중한 몰입의 시간을 보장하고, 더 나아가 그 시간을 연장해주는 조치를 취할 수 있다. 하버드대학의 심리학자 엘런 랭어는 '상황'을 전환시켜주는 간단한 방법으로 마음을 훨씬 활성화시킬 수 있다고 한다.

그녀는 한 실험에서 한 집단에게는 계속 동일한 색깔의 종이(보통 흰 종이)를 주고 글쓰기를 시켰다. 다른 집단에게는 동일한 글쓰기 과제를 내주면서 흰 종이와 노란 종이를 번갈아가며 주었다. 이 사소하고 단순한 환경의 변화는 참가자들이 계속 글쓰기에 적극적으로 몰두하도록 만들었다.

동일한 환경에서 동일한 일을 장시간 동안 하는 것은 정신적으로 지루할 수밖에 없다. 뇌를 계속 활성화시키려면 새로움이 필요하다. 계속 긴장을 늦추지 않게 하려면 기한을 못박아둘 필요가 있다. 계속 겸손하고 개방적이며 노력하는 태도를 유지하려면 난관에 부딪힐 필요가 있다.

어느 순간 멍하니 있거나 주의가 산만해지거나 고의로 다른 짓을 한다면 새로운 환경에 들어갈 시간이 된 것이다. 다른 방에 들어가는 행동만으로도 하고 있던 일과 관련된 아이디어가 곧잘 떠오를 수 있다. 잠시 정신적 휴식을 취한 후에 다른 환경에서 일을 계속한다면 더욱 좋다. 다른 방에 들어가거나, 의자를 바꾸거나, 몇 시간 동안 전혀 다른 곳에 가기만 해도 괜찮다. 작은 변화가 뇌를 자극해 주의를 환기시킬 수도 있다.

영리하게

삶을 변화시키는 기술

아리 마이젤은 환경이 그의 사고, 감정 그리고 일을 수행하는 능력에 어떤 영향을 미치는지 정확히 인식하고 있다. 그래서 하려는 일에 필요한 정신 상태를 유도하기 위해 일하는 장소의 환경을 세세하게 확인하고 조명까지 조절한다. 그는 절대로 동일한 환경에서 이틀 연속으로 일하지 않도록 요일별로 업무를 나누기까지 했다.

기업가인 그는 블로그 포스팅 작성과 팟캐스트 녹음은 물론 실제 제품 제조와 컨설팅 업무에 이르기까지 다양한 종류의 일을 한다. 그는 요일별로 일을 나누고 그날 할 일에 최적화된 작업 공간에서 일한다. 또한 훨씬 더 많은 일을 처리하기 위해 관련된 일을 몰아서 처리한다. 블로그에 글을 쓰는 날은 다른 일은 전혀 하지 않고 블로그 포스팅만 열 개를 하고, 팟캐스트 녹음하는 날은 공동 진행자와 함께 5회분 이상을 녹음한다.

마이젤의 요일별 업무 일정은 다음과 같다.

월요일과 금요일

마이젤은 월요일과 금요일에는 뉴욕의 소호 하우스에서 일한다. 무선인터넷 연결 상태가 좋지 않아서 그곳을 택했다. 월요일과 금요일은 전적으로 글쓰기와 다른 종류의 콘텐츠 제작에 할애한 날이기 때문에 그 점이 매우 중요하다. 게다가 소호 하우스의 조명은 조도가 낮고 짙은 색이어서 동굴과 같은 느낌을 준다. 그 또한 글을 쓰는 데 집중력을 높여준다. 스마트폰과 밝은 빛에 의해 산만해질 가능성을 낮춰주기 때문이다.

마이젤은 고도로 창의적인 일을 하는 월요일과 금요일에는 일을 끝낼 때까지 거의 아무것도 먹지 않는다. 공복일 때 집중 작업을 하기가 쉽다는 많은 연구 결과를 따르는 행동이다. 생산성 전문가이며 기업가인 로빈 샤르마_{Robin Sharma} 역시 "적게 먹어라, 그러면 더 많은 일을 끝낼 수 있다."고 주장한다. 물론 모든 종류의 일에 적용되지는 않지만 깊은 생각과 창의력이 필요한 일에는 아주 적절한 주장이다. 포만감은 정신을 흐리게 할 수 있다.

마지막으로 마이젤은 특정 판도라 인터넷 라디오 채널을 틀어놓는다. 그가 소호 하우스에서 창의적인 일을 할 때만 듣는 채널이다. 그 음악들은 그를 몰입 상태에 깊이 빠지게 해주는 자극제 역할을 한다. 대개 그는 일렉트로닉 스윙, 좀 더 구체적으로 말하면 카라반 팰

리스_{Caravan Palace} 판도라 채널을 듣는다. 잡음 제거 헤드폰을 쓰고 20곡 정도를 계속 반복해서 듣는다.

창의적인 일을 하는 동안 클래식이나 잔잔한 음악, 일렉트로닉 음악을 듣는 것은 예술가나 기업가들에게는 일반적인 일이다. 게다가 20곡을 반복해서 듣는 마이젤과 달리, 나를 포함해 많은 사람이 일을 하는 동안 몇 시간씩 같은 곡을 반복해서 듣는다.

심리학자 엘리자베스 마걸리스_{Elizabeth Margulis}는 《리피트 : 음악이 정신에 미치는 영향》_{On Repeat : How Music Plays the Mind}에서 음악을 반복해서 들을 때 왜 집중력이 향상되는지 설명한다. 노래를 반복해서 듣다 보면 노래에 빠져들게 되는 경향이 있으며, 이것이 여기 저기로 생각이 표류하는 것을 차단해준다. (일을 하지 않는 동안만 생각이 표류하게 하라!) 워드프레스 창업자인 맷 멀렌웨그_{Matt Mullenweg} 역시 몰입하기 위해 한 곡만 반복해서 듣는다. 저자 팀 페리스와 다른 많은 사람도 마찬가지다. 유튜브 동영상을 반복 재생해주는 listenonrepeat.com이라는 사이트도 있다.

화요일

마이젤은 화요일을 전화 통화와 회의를 하는 날로 정했다. 그는 업무상 전화 통화나 화상 채팅을 할 일이 많다. 이 일은 그가 소호 하우스에서 하는 일보다 활동적이고 사회적인 일이다. 그래서 동업자인 닉의 아파트에서 일한다. 닉의 아파트에 들어서는 순간 마이젤의 뇌는 사교적으로 전환된다. 그와 닉은 고객과 이야기를 나누고 회의를 하는 동안에 서로 아이디어를 교환함으로써 매우 큰 시너지 효과를 얻는다. 그들은 회의 전과 후에 의논할 수 있도록 서로 가까이 있기를 원한다. 게다가 각자 고객과 통화를 하는 동안 상대가 듣고 있다는 생각에 더욱 최선을 다한다.

마이젤은 닉의 아파트에서 일하는 날에는 선글라스를 쓰지 않는다. 헤드폰도 가져가지 않는다. 그리고 전략적으로 단백질 식품과 과일, 채소는 물론이고 건강에 좋은 지방을 다량 섭취해 계속 에너지가 넘치도록 한다. 사회적이고 활동적인 일은 식사를 제대로 했을 때 더욱 능률이 오르기 때문이다.

수요일

수요일이면 마이젤은 한 달에 99달러의 사용료를 내는 뉴욕의 코워킹 스페이스에서 일한다. 이날도 전날 닉의 아파트에서와 비슷하게 화상 채팅과 전화 통화를 많이 한다.

목요일

마이젤은 목요일의 작업 공간은 따로 정해두지 않았다. 그때그때 진행하고 있는 프로젝트에 따라 유동적으로 움직인다. 때로는 회의를 하기도 하고, 녹음실에 가서 다섯 시간 동안 7~8회 분량의 팟캐스트를 녹음할 때도 있다. 그에 따라 일할 공간도 정해진다.

자기 혁신보다
주변 혁신

마이젤은 집에서는 전혀 일을 하지 않는다. 침실에 TV를 두는 것처럼 집에서는 환경 자극이 일치하지 않아 그 순간에 충실하지 못하기 때문이다. 그는 집에 있을 때는 완전히 몰입하거나 편안히 쉬기를 원한다. 창의적인 그는 어디에서건 아이디어들이 샘솟고는 한다. 그래서 아이디어를 기록할 기기와 수단을 집 안 곳곳에 놓아둔다.

아이디어가 떠올랐을 때 바로 적거나 음성을 녹음하는 등의 방법을 사용하지 않고 오랜 시간 머릿속에 담아두면 단기기억에 너무 많은 부담을 준다. 마이젤은 머릿속에 생각이 떠오를 때마다 아마존 대시 완드_{Dash Wand}(사물인터넷 주문형 기기—옮긴이)에 녹음한다. 녹음 내용은 일과 관련된 것일 수도 있고, 아마존에 물건을 주문해야 한다는 단순한 것일 수도 있다.

그는 아이디어를 녹음하기 위해 알렉사_{Alexa}(아마존 인공지능 플랫폼—옮긴이)도 자주 사용한다. 그가 손을 사용할 수 없을 때를 대비해 보이스 레코더도 집안 곳곳에 놓아둔다. 덕분에 아이의 기저귀를 갈아줄 때라도 아이디어가 떠오르면 바로 저장할 수 있다. 그는 아이디어를 놓치지 않기 위해 누구보다도 애를 쓴다. 심지어 샤워하는 도중에 떠오르는 아이디어를 기록하기 위해 방수 노트패드인 아쿠아노트_{AquaNotes}까지 사용한다.

마이젤이 사용하는 이 모든 방법은 최적화, 자동화, 위임 처리라는 세 가지 핵심 전략으로 요약될 수 있다. 그의 목표는 상황이 잘 돌아가게 만들고 이를 방해하는 모든 요소를 환경에서 제거하는 것이다. 일단 모든 것이 최적화되면 기술을 활용해 가능한 한 자동화시킨다. 기술에 중독되고 그 노예가 되는 대부분의 사람과 달리, 그는 기술을 활용해 능력을 확장하고 일에서 벗어나는 시간을 늘려 가정생활에 적극 참여한다. 생활 속의 모든 것을 자동화시킨 후에 남는 일을 위임 처리한다. 자동화와 위임을 하지 않는 일은 마이젤의 탁월한 능력, 즉 오로지 그만의 기술과 능력이 필요한 일들뿐이다.

+ Special Point +

당신의 환경은 당신 일의 일부분이다. 모든 환경에는 규칙이 있으며 일마다 적합한 환경이 분명 따로 있다. 현재 하고 있는 일에 필요한 정신 상태를 유도하는 작업 환경에서 일해야 한다.

아울러 집중도를 높이기 위해 작업 환경을 종종 바꿔주면 좋다. 마이젤처럼 요일마다 완전히 다른 장소로 갈 필요는 없다. 그저 몇 시간마다 방을 바꾸거나 업무를 바꾸기만 해도 놀라운 효과를 얻을 수 있다.

고도로 집중해서 일하는 사이사이에 정신적 휴식을 취하는 것도 필요하다. 그러나 정신적 휴식 시간을 인터넷 서핑 등에 사용해 주의가 산만해지게 만들면 안 된다. 작업 공간을 벗어나 걷는 것은 매우 좋은 방법이다. 밖으로 나가 나무와 사람 같은 외부 자극을 접할 수 있다면 더욱더 좋다. 휴식을 취하는 동안 이런저런 생각이 오가면서 당신이 하고 있는 일과 관련해 동떨어진 요소들 간의 독특한 연관성을 떠올릴 수 있을 것이다.

작업 환경을 주기적으로 바꿔주면 훨씬 활기차게 일할 수 있다. 지루해지거나 쉽게 주의가 산만해지지도 않는다. 창의적인 통찰력도 보다 쉽게 얻을 수 있다. 일의 종류에 따라 환경을 달리 하면 더욱 효과가 있다. 하루에 한 환경에서 한 종류의 일을 다량으로 처리하라. 이는 대부분의 사람들이 일하는 방식과 매우 다르다. 많은 사람들이 동일한 환경에서 끊임없이 이 일, 저 일을 하느라 정신없이 시간을 보낸다. 그들은 결코 몰입 상태에 들어서지 못한다.

누구와 함께 하느냐가
다른 결과를 만든다

공상 과학 소설《엔더스 게임》Ender's Game에서 주인공 엔더는 어린 나이에 정부의 선택을 받는다. 그리고 우주의 군사학교에서 지휘관이 되기 위한 훈련에 임한다. 핵심 훈련 방식은 경쟁이 치열한 '게임' 형태다. 그곳에는 엔더와 같은 아이들이 여럿 있다. 아이들은 모두 팀을 이뤄 경쟁한다. 모든 아이들이 모이는 구내식당에는 초대형 전광판이 있고 거기에 최상위 팀부터 최하위 팀까지 성적순으로 게시된다. 그래서 경쟁은 더욱 치열하다.

엔더는 다른 아이들보다 월등히 뛰어난 적응력을 보인다. 심지어 몇 살이나 많은 아이들보다도 뛰어나다. 모호한 상황을 잘 참아내서 새로운 상황에서도 혼란에 빠지지 않는다. 환경의 변화에 민감한 그는 다른 아이들과 달리 무중력 상태에서의 방향은 순전히 상대적이라는 사실을 깨닫는다. 그러다 다른 군대가 무중력 상태에 들어온 뒤에도 중력 상태에서의 방향을 고수하려 한다는 점에 주목한다. 무중력 상태의 법칙이 전투실로 이어지는 통로의 법칙과 달랐기 때문에 엔더의 빠른 적응력은 큰 도움이 됐다.

하버드대학의 심리학과 교수이자 랭어 마음챙김 연구소의 소장인 엘런 랭어 박사는 마음챙김이란 바로 상황에 대한 인식뿐 아니라 그 상황의 가변성이나 변화에 대한 인식이라고 규정한다. 당신이 무심하다면 미묘한 차이를 눈치 채지 못할 것이다. 모든 것이 흑백으로 나뉘고, 한 환경의 규칙이 다른 환경의 규칙과 동일하다고 넘겨 짚을 것이다. 또한 한 환경에서의 당신이 다른 환경에서의 당신과 동일하다는 잘못된 가정을 할 것이다. 그런 이유로 자신의 역할을 이해하거나 그 역할을 바꿀 능력을 갖고 있을 가능성 또한 낮을 것이다.

엔더는 무중력 상태에 대한 상대 팀의 무지를 겨냥해 그들을 격파한다. 이런 상황을 본 적이 없었던 상대 팀은 어떻게 대응해야 할지 몰랐으나 오래지 않아 그들도 엔더가 무엇을 한 건지 알게 됐다. 얼마 후 우주학교의 게임 문화는 바뀔 수밖에 없었다.

사람들은 매우 한정되고 부정확한 가정 아래 움직인다. 유리병 속에 갇힌 벼룩처럼 집단 사고의 도그마 안에서 행동한다. 부정확한 사회 문화의 지배를 받는다. 문화 규범에 의해 눈이 가려진다. 게다가 이 규범을 바꿀 수 없다는 생각에 빠져 있다. 그러나 모든 환경은 살아 있으며 하나의 생태계다. 따라서 모든 환경은 유동적이고 바뀔 수 있다. 아주 소수의 사람만이 남들이 보지 못하는 것을 발견한다.

독특한 연상이
혁신적 결과물을 낳는다

기적의 해로 불리는 1905년 알베르트 아인슈타인이 발표했던 논문 네 편은 공간, 시간, 물질에 관한 현대 물리학의 기초를 근본적으로 바꿔놓았다. 흥미롭게도 이 논문들을 발표했을 때 아인슈타인은 학계가 아니라 스위스 특허청에서 일하고 있었다. 예상 밖의 환경에서 일했던 덕에 그는 전형적인 물리학 실험실에서와는 다른 관점에서 생각하고 의문을 가질 수 있었다. 아인슈타인이 시간과 공간을 연결시킴으로써 인류가 전 세계와 우주를 바라보는 시각을 바꿔놓은 혁신적이고 획기적인 이론이 탄생했다.

 음악계에 큰 영향을 미친 비틀스의 놀라운 재능은 독특하게 연관을 짓는 능력이었다. 음악 이론 교수인 데이비드 서마이어David Thurmaier의 설명을 들어보자. "비틀스는 모든 유형의 음악에 계속 호기심을 가졌고, 여러 문화의 음악에서 받은 영향을 참신하게 도입해 자신들의 음악을 계속 새롭게 만들어나갔다. 이런 실험이 그 시대의 음악과는 차원이 다른 그들만의 음악을 탄생시켰다.”

또한 비틀스는 체계적인 공동 작업을 했다. 존 레논이 아이디어를 구상하거나 노래의 한 소절을 만들면 폴 매카트니가 그것을 발전시키거나 완성했다. 반대의 경우도 있었다. 매카트니가 한 절이나 후렴구를 쓰면 레논이 중간 8마디를 만들거나 연결부를 추가했다. 레논은 둘의 시너지 효과를 ‘마주보고’, ‘서로의 코앞에서 연주하듯’ 작곡을 했다고 묘사했다. 그런 과정을 통해 불완전한 두 곡이 하나의 명곡으로 탄생하곤 했다.

비틀스는 사람들이 상상하는 창의성과는 거리가 먼 창작 시스템을 갖고 있었다. 사람들은 흔히 창의성은 통제가 안 되고 예측하기 어려우며, 한 사람의 머릿속에서 나온다고 생각한다. 폴 매카트니는 이렇게 이야기한다. “공동 작곡한 노래들은 보통 존이 첫 구절을 썼는데 언제나 그것으로 충분했습니다. 그것이 방향이었고 길잡이였으며 노래 전체에 영감이 됐습니다. 이 단어는 정말 싫지만 그게 원형原形이었습니다.” 그들의 공동 작업은 새롭고 참신한 연관성을 찾아내는 물리적인 행위였다. 두 사람 이상이 공동의 목표를 갖고 함께 일할 때, 산출물은 투입물의 합 그 이상이다.

혁신적 음악을 만들어냈던 비틀스의 능력은 우연히 나온 것이 아니었다. 그들은 뛰어난 재능에 교육까지 잘 받은 정통 음악가들이었다. 다양한 음악 장르에서 받은 독특한 영향을 통합함으로써 다른 음악가들이 정한 경계를 넘는 창의적인 음악을 만들 수 있었다. 파블로 피카소가 이런 말을 한 적이 있다. "전문가가 될 때까지 기존의 형식을 익혀라. 그래야 그 형식을 깨뜨리는 예술가가 될 수 있다."

피터 디아만디스Peter Diamandis 는 "어떤 아이디어든 획기적 발견으로 인정되기 전까지는 정신 나간 생각이다."라고 했다. 그의 말처럼 처음에는 사람들이 당신의 앞선 생각에 반대할 것이다. 그들은 당신이 연결하려는 내용을 이해하지 못할 것이다. 하지만 다수의 아이디어를 설득력 있는 단순한 하나의 개념으로 통합할 수 있다면 결국 그 새로운 아이디어는 받아들여질 것이다.

일단 새로운 아이디어가 수용되면 그로 인해 환경이 변화한다. 그리고 새로운 환경은 다시 사람들을 바꾸어놓는다. 순환이 일어난다. 윈스턴 처칠의 "우리는 건물을 만들지만, 그 건물이 결국 우리를 만든다."라는 말이 바로 이것이다. 비틀스가 음악 환경을 변화시켰을 때 새로운 환경은 인류의 문화를 바꿔놓았다.

최고의 기업가들이
활용하는 협업의 힘

최고의 기업가들이 자주 활용하는 핵심 개념이 있다. '공동 브랜딩'이라고 불리기도 하는 독특한 협업이 바로 그것이다. 이는 각 사업체, 아이디어, 개인의 탁월한 장점이 결합되어 '1 더하기 1이 10이 되는' 놀라운 결과가 도출될 수 있는 시스템이다.

2017년 나는 아내와 함께 세계 5대 식당 중 하나로 손꼽히는 센트럴 레스토랑에서 식사를 하기 위해 페루 리마에 갔다. 예약하기 힘들었던 만큼 특별한 식사를 경험했다. 내가 가장 매료됐던 것은 그곳의 수석 요리사인 비르힐리오Virgilio와 식물학자인 여동생 말레나Malena의 협업이었다.

비르힐리오는 페루의 고지대를 고스란히 그의 요리에 옮겨오겠다는 아이디어를 떠올리자마자 여동생의 협조가 필요하다는 생각이 들었다고 한다. 그의 여동생은 요식 업계에서 일하고 있지 않았으므로 그의 말을 쉽게 이해하지 못했다. 여동생을 설득하기 위해 뉴욕으로 데려가 완벽한 미식 여행을 시켜주었다. 그는 여동생만 팀에 들어온다면 아무도 시도해보지 않은 식당을 열 수 있다는 확신이 있었다.

비르힐리오의 또 다른 핵심 구상 중 하나는 의외의 장소에서 야심 있는 사람을 발굴하는 것이다. 그는 차를 고치러 가서도 정비사를 바라보며 "이 정비사는 야심 있는 사람일까?" 하고 혼잣말을 한다. 야심 있는 사람이 눈에 띄면 자신의 식당으로 데려가 훌륭한 요리사로, 유능한 웨이터로 키우겠다고 생각하면서 말이다.

액션카메라 제조사인 고프로와 에너지 음료 회사인 레드불의 결합으로 탄생한 우주 낙하 프로그램인 레드불 스트라토스Red Bull Stratos

도 이와 비슷한 사례다. 두 회사의 후원으로 펠릭스 바움가르트너Felix Baumgartner는 2012년 10월 14일 헬륨 기구를 타고 뉴멕시코 상공의 성층권인 고도 38킬로미터 지점까지 올라갔다. 고도 비행용 우주복을 입은 그는 자유낙하를 하다가 낙하산을 펼치고 착지했다. 헬륨 기구에서 뛰어내려 착지하기까지 총 낙하 시간은 대략 10분이었으며, 바움가르트너가 낙하산을 펼치기 전까지 자유낙하를 한 시간은 4분 19초였다.

고프로와 레드불이 함께 아이디어를 모으지 않았다면 이 행사는 성사되지 못했을 것이다. 두 회사는 각자의 강점을 발휘했다. 기술과 철학, 청중 동원 등에서 각자 특기를 발휘했다. 그리고 마침내 한 회사의 힘으로는 만들어낼 수 없는 새로운 이벤트가 탄생했다. 그 결과 세계기록이 깨졌고, 새로운 기술이 개발됐으며, 전 세계의 수백만 명이 흥미로운 시간을 보내는 동시에 영감을 얻었다.

여러 회사를 설립한 스티브 다운Steve Down은 독특한 협업으로 업계를 재편하는 데 놀라운 수완을 보인다. 2015년 다운은 '이븐 스티븐스'라는 레스토랑 체인을 시작했다. 그는 신발 한 켤레를 판매할 때마다 한 켤레를 기부하는 신발 회사 탐스에서 아이디어를 빌려왔다. 이븐 스티븐스에서는 샌드위치 하나를 판매할 때마다 굶주리는 지역 주민에게 샌드위치 하나를 무료로 주기로 했다.

다운은 처음에 이 아이디어를 떠올렸을 때 친구와 외식산업 종사자들에게 의견을 물었다. 그들의 대답은 그에게 실망감만 안겨주었다. 외식산업은 수익과 예산이 빠듯하다. 수익을 내는 식당은 아주 소수이며, 새로 개업한 식당은 말할 것도 없다. 그렇다면 이 새로운 콘셉트의 식당은 어떻게 한 달에 수십만 개의 샌드위치를 배고픈 사람들에게 공짜로 나눠주면서 성공할 수 있었을까?

다운이 외식산업에 몸담고 있던 사람이라면 아마 이브 스티븐스 같은 식당을 시도하지 못했을 것이다. 그들이 한 일은 업계의 모든 관례와 규칙에 위배됐다. 다운은 다른 분야에서 사업을 해왔으므로 창업과 사업 확장에 관해 매우 다른 개념과 전략을 갖고 있었다. 금융업에 종사했던 그는 오랫동안 손익을 따져봤다. 그 지역의 여러 비영리단체들도 만나봤다. 그리고 마침내 지역사회에 긍정적인 영향을 주는 사회적 기업 형태의 식당으로 만들면 수익도 낼 수 있다는 결론을 내렸다.

지난 3년 동안 이브 스티븐스는 유타, 아이다호, 애리조나에 15곳 이상의 지점을 새로 열었다. 그리고 그 식당들 거의 전부가 문을 연 지 30일 이내에 이윤을 냈다. 이브 스티븐스 지점은 인근에 있는 비영리단체와 협력한다. 샌드위치 판매로 얻은 수익금의 일부가 비영리단체에 기부되면 그 돈으로 다시 굶주리는 지역민에게 줄 샌드위치를 대량 구매하는 방식이다. 수익성이 있으면서도 신선한 시스템이다. 또한 영리를 목적으로 하는 기업과 비영리단체 간의 독특한 협업이 만든 성과다.

다운은 이브 스티븐스의 콘셉트가 먹히려면 음식의 질이 높아야 했다고 이야기한다. 맛이 없다면 사람들이 그의 콘셉트가 단지 상술이라고 생각할 것이라는 게 이유였다. 그래서 어떻게 해야 세계 수준의 근사한 메뉴를 내놓을 수 있을지 사전 조사에 공을 들였다. 그리고 널리 인정받는 전문 요리사를 고용해 도움을 받았다. 다운은 독특하고 기특한 콘셉트 때문에 식당을 찾은 고객도 음식에 반하기를 바랐다. 실제로 이븐 스티븐스는 문을 연 후 3년 연속으로 유타 주 최고의 식당, 최고의 샌드위치라는 명성을 얻고 있다.

페루 리마의 센트럴도, 레드불 스트라토스도, 이븐 스티븐스도 기존의 규칙을 버리고 새로운 규칙으로 도전해 성공했다. 그들의 도전은 "기존의 현실과 싸워봤자 아무것도 변화시키지 못한다. 변화를 원한다면 기존 모형을 쓸모없게 만들 새로운 모형을 만들도록 하라."는 건축가 버크민스터 풀러Buckminster Fuller의 말을 실천한 사례들이다.

달라지고 싶다면
지금의 환경에서 벗어나라

다른 사람들과 같은 규칙에 따른다면 평균적인 결과를 얻을 것이다. 다른 사람들과 똑같은 책을 읽는다면 독특한 개념을 발전시킬 수 없을 것이다. 다시 말해서 자신이 속한 환경의 규칙을 바꿔놓을 새로운 연관성을 발견하지 못할 거라는 의미다.

당신이 서부극의 고독한 주인공 같은 사고방식을 갖고 있다면 많은 일을 이루지 못할 것이다. 고립된 채 혼사 하는 걸 목표로 삼으면 안 된다. 상호 의존과 시너지 효과를 추구해야 한다. 혼자서 생각해낸 아이디어가 흥미로울 수도 있고, 어쩌면 훌륭할 수도 있다. 하지만 서로 다른 배경을 가진 다양한 업계의 사람들과 협력할 때 당신 분야의 규칙은 완전히 깨진다. 바로 그것이 진부함을 없애고 새로운 가능성이 있는 아이디어들을 생각해내도록 만든다. 특히 이미 한 분야에서 큰 성공을 거둔 이들과 독특한 공동 작업을 해나갈 수 있다면, 당신은 목표의 10배, 100배까지도 달성할 수 있다.

헬렌 켈러는 "혼자서 할 수 있는 일은 지극히 적지만, 함께라면 아주 많은 일을 할 수 있다."고 했다. 각기 다른 경험과 기술, 관점을 가진 다양한 배경의 사람들이 협업하지 않는다면 세상을 바꿀 대담하고 독특한 아이디어를 얻을 가능성은 매우 낮다. 사람들은 자신과 역량이 비슷한 사람들과 경쟁한다. 비슷한 배경을 가지고 동일한 틈새 시장을 노리는 사람들과 협업한다. 그들의 세계관은 너무 비슷하여 기존의 규범을 결코 깨뜨릴 수 없다.

--------------------------------(+ Special Point +)--------------------------------

모든 환경 그리고 모든 산업은 다양한 규칙 아래 작동된다. 그 규칙들은 철칙이 아니다. 심지어 중력 같은 물리 법칙도 조작하고 활용할 수 있다. 수세

기 동안 여행산업은 사람들을 지상에 붙들어놓는 중력의 영역 안에서 이뤄졌으나, 오늘날 우주여행은 그리 먼 이야기가 아니다. 과학자와 혁신가, 기업가들의 협업은 늘 '전통적인' 규칙을 새롭고 더 좋은 규칙으로 대체했다. 환경의 규칙과 구조, 규범을 재구성하는 것, 그것이 바로 혁신과 진화의 작동 방식이다.

전 세계적으로 독립적이어야 한다는 압박이 거세다. 이는 주로 서구 문화의 개인주의에 대한 집착에서 비롯된다. 동양 문화와는 반대로 서구 문화는 자아를 상황과는 동떨어진 독자적인 존재로 본다. 이런 관점은 개인에게 힘을 부여해주기는 하지만 순진하고 잘못된 시각이다. 기술 발전으로 전 세계의 상호 의존성은 더욱 강해지고 있다. 개인적·사회적·세계적인 차원을 망라한 모든 일에서 우리는 서로 의존하고 있다.

독립이 당신의 목표가 되어서는 안 된다. 세상을 바꾸려고 노력하고 있다면 더욱 그렇다. 그 이유는 단순하다. 한 개인의 세계관은 너무 협소하기 때문이다. 당신의 어젠다가 아무리 영감을 불러일으키고 이타적이라 해도 그것은 한 개인의 어젠다일 뿐이다. 당신의 어젠다를 다른 사람이나 조직의 계획과 결합시켜라. 그러면 지금은 이해할 수 없는 획기적인 방식으로 변화하고 확장될 것이다. 또한 아이디어와 사람의 결합이 독창적이고 새로운 무언가를 만들어낼 유일한 방법이기 때문이다.

당신이 익숙한 독립성의 이데올로기를 넘어 상호 의존성과 변혁의 관계를 완전히 받아들일 용의가 있다면, 거래 중심의 경쟁을 깨뜨릴 능력뿐 아니라 체제의 규칙과 패러다임을 깨뜨릴 가능성도 갖게 된다. 특정 분야의 규칙과 규범, 대화의 재구성은 모든 혁신가가 원하는 것이다. 얼마나 잘 진행되고 있는지에 상관없이 모든 일에는 개선할 부분이 있기 때문이다. 만약 체제를 개선한다면 그 체제 내의 모든 사람, 심지어 경쟁자들의 삶까지 개선된다. 경쟁자들을 위해 환경을 개선하면 그들은 더 높은 수준에서 생각하고 창조하며 살 수 있다. 이는 다시 당신의 기량을 향상시킨다. 그렇게 진화가 일어난다.

어제처럼 살지 않기로
결심하라

오늘 누군가가 나무 그늘에 앉아 쉴 수 있는 이유는
오래전에 누군가가 나무를 심었기 때문이다.

__ 워런 버핏Warren Buffett

피오나 므테시Phiona Mutesi는 우간다 체스 선수다. 그녀는 1996년 수도 캄팔라의 빈민가인 카트웨에서 태어났다. 피오나는 걸레질을 하는 집은 부유하다고 여겨질 정도로 빈곤한 동네에서 가난한 유년 시절을 보냈다. 그 빈민촌에 사는 사람들의 상당수는 자기 물건을 몇 개 가져보지도 못한 채 일생을 살아간다. 대부분 노동자로 평생을 살고, 교육을 받는 사람은 극소수다.

피오나 역시 아홉 살에 학교를 그만뒀다. 그리고 날마다 거리로 나가 옥수수를 팔았다. 2005년 어느 날 그녀와 남동생은 옥수수를 팔기 위해 시내를 돌아다니던 중 스포츠 아웃리치Sports Outreach라는 선교단체에서 운영하는 학교를 우연히 발견했다. 남동생과 함께 죽을 얻어먹으려고 기웃대던 피오나는 학교에서 수십 명의 어린 소년들이 하던 게임을 보고는 그 즉시 매료됐다.

그 학교에는 어린 시절 우간다 내전으로 피난을 갔다가 고아가 된 로버트 카텐데Robert Katende가 근무하고 있었다. 미국 버지니아 주에 본부가 있는 이 비영리 선교단체는 스포츠를 통한 기독교 전파를 목적으로 했다. 매일 정오부터 오후 5시까지 50여 명 정도의 아이들이 선교원에 모여 체스를 두고 수다를 떨며 설교를 들었다.

피오나와 남동생도 체스를 하기 위해 정기적으로 선교원에 가기 시작했다. 그녀는 체스와 사랑에 빠졌고 체스에 사로잡혔다. 카텐데는 글을 읽지 못하는 피오나가 복잡한 체스 행마법을 배울 수 있으리라고는 기대하지 않았다. 하지만 시간이 지나면서 피오나는 복잡한 행마법에 대해 높은 이해력을 보이기 시작했다. 그러더니 유복한 환경에서 훈련을 받은 다른 도시의 선수까지 물리치기 시작했다.

덕분에 그녀는 빈민가를 벗어나 보다 풍족한 삶을 경험할 수 있었다. 그녀는 더 맛있는 음식, 더 좋은 옷, 더 편안한 잠자리를 맛보았다. 그런 경험이 그녀를 변화시켰다. 대회에서 우승하며 이름을 알리기 시작한 그녀는 빈민들이 하는 하찮은 일에 더 이상 만족할 수 없었다. 정신세계가 확장되면서 그 이상의 삶을 원하게 됐다. 피오나의 어머니는 딸이 기존의 환경에 편안함을 느끼지 못하게 물을 들여놓았다며 카텐데에게 화를 냈다.

한동안 피오나는 가족과 연락을 끊었다. 두 세계의 중간에서 방황하던 피오나는 결국 우간다 최고의 체스 선수로 성장했다. 실제로 그녀는 제한된 환경을 뛰어넘어 폭넓고 유익한 환경을 만들었다. 더 나은 새로운 규칙을 배웠다. 그리고 그 덕분에 교육을 받고 생계를 유지하고, 가족 모두를 빈민가에서 탈출시킬 수 있었다.

피오나는 자신의 출신 배경을 결코 잊지 않았다. 사랑하는 가족도 결코 잊지 않았다. 그들에게 우월감을 갖지도 않았다. 하지만 가족에게 편안함을 느끼게 해주려고 자신의 기준을 낮추지는 않았다. 그녀는 예전보다 높은 수준의 생활을 했고, 아울러 가족의 생활수준도 높여줬다. 자신의 환경을 바꾸고, 그런 다음 사랑하는 가족의 환경도 바꿔줬다. 그녀는 적극적으로 삶을 개척했으며 출신 배경이 자신의 앞길을 막도록 내버려두지 않았다.

과거를 기억하되
얽매이지 마라

2013년 브루스 파일러Bruce Feiler가 〈뉴욕타임스〉에 기고한 흥미로운 기사에 의하면 가족의 역사와 연결되어 있는 느낌이 삶에 중요한 영향을 미칠 수 있다고 한다. 파일러는 심리학자인 마셜 듀크_{Marshall Duke} 박사와 로빈 피버시_{Robyn Fivush} 박사가 1990년대 후반에 했던 연구를 인용한다. 두 심리학자는 왜 가족의 해체가 더 빈번해졌는지, 이에 대항하기 위해 가족은 구체적으로 무엇을 할 수 있는지 탐구해보기를 원했다.

공교롭게도 비슷한 시기에 심리학자로 장애아동과 일하는 듀크 박사의 아내 사라가 이상한 현상을 눈치 챘다. 그녀는 남편에게 "자기 가족에 대해서 많이 아는 아이들이 어려움에 직면했을 때 더 잘 대처하는 경향이 있어."라고 말했다. 이유가 무엇일까?

사라의 통찰은 두 사람이 가족사 기억에 대해 탐구하도록 이끌었다. 두 사람은 결국 20문항으로 구성된 '당신은 알고 있나요?'라는 심리 검사표를 만들었다. 다음은 그 검사지에 포함된 문항들이다.

- 할머니, 할아버지가 어디서 성장하셨는지 알고 있습니까?
- 어머니, 아버지가 어디서 고등학교에 다녔는지 알고 있습니까?
- 부모님이 어디서 만났는지 알고 있습니까?
- 가족에게 발생했던 질병이나 끔찍한 일을 알고 있습니까?
- 자신의 출생에 관한 이야기를 알고 있습니까?

많은 아동과 가족을 대상으로 이 검사를 실시하고 그 결과를 아동이 받은 다수의 심리 검사와 비교한 후에 듀크 박사와 피버시 박사는 반박하기 힘든 결론에 도달했다. 가족사에 대해 더 많이 아는 아동은 생활 속에서 훨씬 큰 통제력을 보여주었다. 그들은 자존감이 훨씬 높았으며 가족과 가족사를 보다 건전하게 기억했다. '당신은 알고 있나요?' 검사는 아동의 정서적 안녕과 행복감을 가장 잘 예측해주는 것으로 여겨진다.

우연찮게도 이 연구가 이뤄진 직후에 9·11 테러가 발생했다. 듀크 박사와 피버시 박사는 그들이 연구했던 아동들을 다시 검사해보기로 했다. 결과는 너무나도 분명했다. "가족에 대해 더 많이 아는 아동은 회복력이 좋아서 스트레스의 영향을 보다 빨리 완화시킬 수 있다는 사실이 다시 한 번 입증됐다." 듀크 박사의 말이다.

듀크 박사는 가족들이 세 가지 방식 중 하나로 가족의 이야기를 서술한다는 흥미로운 사실을 발견했다. 첫 번째는 한 세대에서 다음 세대로 얼마나 형편이 좋아졌는지 이야기하는 발전의 서사다. 예를 들면 이런 식이다. "우리 가족이 이 나라로 이주했을 때는 아무것도 없었단다. 할아버지는 고등학교도 못 다니셨지. 지금은 형편이 얼마나 좋아졌는지 보렴." 두 번째는 과거에는 아주 잘살았는데 지금은 형편이 나빠졌다고 이야기하는 퇴보의 서사다. 하지만 가장 건전한 서사는 가족이 부침을 겪어왔다고 이야기하는 세 번째 서사다.

듀크 박사는 자신의 출신 배경에 대한 지식은 '대가족의 일원이라는 소속감'을 준다고 주장한다. 그리고 스스로 큰 가족의 일원이라고 인식하는 '세대 간 자아'intergenerational self 가 강할 때 아동의 자신감이 가장 높다고 한다.

경영 전문가인 짐 콜린스Jim Collins에 의하면 가족이나 회사, 어떤 형태의 조직이든 자신들의 기원에 대해 알 때 성과가 높아진다고 한다. 마찬가지로 종교단체나 군대 같은 집단에서도 계속해서 조직의 유래를 강조함으로써 자신보다 큰 맥락을 필요로 하는 인간 욕구를 활용한다. 전통은 기억을 통해서 확립된다.

듀크 박사는 부모들에게 자녀들과 개인사에 대한 깊은 의식을 심어주라고 조언한다. 휴가나 온 가족이 주기적으로 하는 활동과 같은 전통의 수립은 아동의 발달과 장기적인 성공에 매우 유익하다. 자녀가 성인이 되어 그 전통을 지속시키지 않는다고 해도 그들의 기억 속에 가족의식과 가족사는 남는다. 그렇다면 당신은 이를 어떻게 적용할 수 있을까?

당신이 어디에서 왔는지를 잊지 마라. 가족의 역사와 뿌리에 대해 더 많이 배우도록 하라. 현재의 삶에 훨씬 감사하게 될 것이다. 다시 말하지만 당신과 상황은 별개가 아니다. 당신은 선조들의 업적 위에서 있다. 가족 누군가에 대해 알아갈수록 그에 대한 공감과 애정은 자연스레 커진다. 가족사에 대한 인식이 강해질수록 자기 삶에 대한 통제감도 커진다. 자신의 배경을 알수록 마음이 더욱 건강해진다.

자신의 역사를 알아간다는 것이 그 역사를 되풀이해야 한다는 것은 아니다. 당신은 이전 세대를 넘어 발전할 수 있고, 발전해야만 한다. 당신은 고정되어 있지 않다. '처성'에 속박당하지 않는다. 당신이 환경을 변화시키는 대로 당신도 변할 수 있다.

오늘과 다른
내일을 만들어라

최근에 내가 쓴 기사가 좋은 반응을 얻은 것을 본 친척이 어느 날 밤이런 문자를 보냈다. "그런 확신을 갖고 일한다니, 너의 자신감에 박수를 보낸다. 하지만 아무리 찬사를 받는다 하더라도 진정한 네 모습을 기억하라고 충고하고 싶다." 내게는 이 문자가 전혀 놀랍지 않다. 사람의 됨됨이는 정해져 있고 변하지 않는다는 믿음이 너무 흔하기 때문이다.

그는 내가 고등학교 때 모습 그대로일 거라고, 태어날 때부터 죽을 때까지 내 모습이 같을 거라고 생각했을 것이다. 나는 그에게 '진정한 내 모습'에 대한 친척들의 믿음과 내 믿음이 매우 다를 거라는 답장을 보냈다. 나는 내가 고정돼 있다고 믿지 않는다. 과거에 내가 갇혀 있었던 환경의 제약을 받지 않는다. 나는 환경을 바꾸겠다고 선택했고 마침내 달라졌다. 그리고 나는 발전과 변화를 결코 멈추지 않을 것이다. 그렇지만 내가 태어나 자란 배경을 존중하고 결코 잊지 않는 것도 대단히 중요하다.

당신도 마찬가지다. 얼마나 '성공'하고 또 얼마나 '진화'를 했든 간에 그로 인해 자만에 빠지는 일은 결코 없어야 한다. 다른 사람들은 모르는 최상위 수준의 규칙에 따르는 법을 배웠을 수도 있다. 당신의 평소 환경이 대다수의 사람들에게는 꿈같은 것일 수도 있다. 당신이 하는 일이 수백만 명에게 영향을 미칠 수도 있다. 하지만 이 책에 담긴 생각을 진지하게 받아들인다면, 당신의 성공이 온전히 자신만의 공이 아니라는 사실을 깨달아야만 한다. 당신은 변화하는 환경의 산물이다.

모든 세대는 그들이 사는 새로운 체제의 규칙을 당연시한다. 요즘 아이들은 스마트폰과 인터넷이 없는 세상을 전혀 이해하지 못한다. 그들은 스마트폰과 인터넷을 근사하게 활용하는 능력이 순전히 그들만의 것이라는 잘못된 믿음을 갖고 있을 수 있다. 그러나 그들의 능력은 그것을 허락해준 환경 덕분이라는 것이 진실이다. 세계관은 그들이 사는 환경에 의해 형성된다. 그들은 엄청난 희생을 치르고 그들이 사는 세상을 만들어낸 위대한 선조들의 어깨 위에 서 있다.

마찬가지로 당신도 위대한 인물들의 어깨 위에 서 있다. 당신이 직면해온 도전, 당신의 멘토들, 당신이 살고 있는 세상을 만들어준 수많은 사람이 없었다면 당신은 그 자리에 없었을 것이다. 오로지 당신의 힘만으로 성공했다고 믿는다면, 당신은 심리학자들이 말하는 기본적 귀인 오류를 범하는 것이다. 그렇다면 진실은 무엇인가.

당신이 거둔 성공은 당신의 환경이 없었다면 가능하지 않았을 것이다. 지금의 당신은 수많은 상황과 사람에 의해 만들어졌다. 기업가인 마이클 피시먼Michael Fishman은 이렇게 말한다. "자수성가는 환상이다. 하늘이 보내준 수많은 사람이 있었기에 당신이 지금과 같은 삶을 살게 됐다. 얼마나 감사하고 있는지 반드시 그들에게 알리도록 하라. 예컨대 당신의 배우자, 동업자, 고객을 소개해준 사람을 당신에게 소개해준 사람까지 거슬러 기억해내고 감사인사를 하라."

당신은 겸손과 감사의 마음을 계속 가져야 한다. 이 시대에 태어난 것이 당신의 공은 아니다. 인터넷이 주어진 것도 당신의 공은 아니다. 부모와 멘토들도 당신의 공으로 얻은 것이 아니다. 당신이 누리는 모든 혜택이 가능하도록 해준 희생도 당신 힘으로 얻은 것이 아니다. 당신은 무수히 많은 혜택을 누리고 있다. 그런 혜택들을 계속 늘려가야 한다. 보다 많은 혜택을 누리도록 하라! 하지만 그런 혜택이 당신이 제공한 것이 아님을 결코 잊지 말아야 한다.

-------------------------------- + Special Point + --------------------------------

당신이 고정되어 있지 않고 유동적이듯 다른 사람들도 그렇다. 당신은 결코 다른 사람보다 가치 있는 사람이 아니다. 절대적인 가치를 지닌 사람은 아무도 없으며, 그보다는 우리 모두가 어떤 환경에 둘러싸여 있는가에 따라 상대적인 가치를 지닌다. 당신의 위치에 이르지 못한 사람도 만약 지금의 당신을 만들어준 환경이 주어졌다면 당신처럼 되었을 수도 있다. 다른 사람들이 지금보다 더 나은 사람이 되거나 더 잘할 수 없었을 거라고 믿는 오류를 범하지 말기 바란다.

그들의 상황이 그들을 만들었다. 그들이 고정불변의 천성을 타고난 것은 결코 아니다. 그들도 교육받고 개조될 수 있다. 설령 독단적이고 융통성 없는 견해를 갖고 있다고 해도 말이다.

당신이 할 수 있는 최선은 자신을 바라보듯 다른 사람을 바라보는 것이다. 마찬가지로 다른 사람들도 무한한 잠재력과 유연성을 갖고 있다. 그런 시각으로 사람들을 보라. 그들에게 애정을 보여라. 그리고 그들이 당신처럼 발전하고 향상될 수 있도록 환경의 규칙을 재구성할 수 있는 사람이 되도록 도움의 손길을 내밀어라.

늘 가던 길을 걸으면
인생은 달라지지 않는다

인생을 바꿔놓을 만한 원대한 목표들을 세워놓고 아무리 노력해도 목표의 달성은 요원해 보인다. 그렇게 수많은 실패를 경험하다 보니 당신이 문제라는 결론을 내리게 된다. 당신에게는 목표 달성에 필요한 자질인 정신력, 의지력이 없는 게 틀림없다. 지금의 삶에 만족해야 하나 한숨이 절로 나온다. 하지만 그런 평가가 전부 틀렸다면? 문제의 원인이 당신에게 있지 않다면?

우리는 지금까지 모든 것은 '의지력'에 달려 있다고 믿어왔다. 열정, 노력, 의지가 인생을 바꿀 수 있다는 잘못된 믿음 말이다. 전 세계인이 고전하는 체중 감량을 생각해보자. 날씬해지기 위해 수많은 사람들이 숱하게 많은 노력을 하고 있음에도 전 세계 인구의 상당수는 점점 더 살이 찐다. 새로 유행하는 다이어트 방법을 시도하고 헬스클럽 회원권을 구입하느라 사람들은 더 많은 돈을 쓴다. 그렇다면 결과는 어떨까?

건강 전문가들은 2025년까지 전 세계 인구의 50퍼센트 이상이 과체중 또는 비만이 될 것이라는 전망을 내놓았다. 이런 범세계적인 위기에 대해 다양한 원인도 제시했다. 예컨대 유전, 성격, 의지력 부족, 나쁜 생활 습관 등이다. 하지만 이것들이 급속히 증가하는 비만의 진짜 원인은 아니다. 진짜 문제는 급변하는 환경이다.

1800년대 후반부터 1900년대 전반까지 산업화가 진행되면서 사람들이 대거 농촌을 떠나 도시로 몰리는 도시화가 이뤄졌다. 지난 100여 년 동안 실외에서 몸을 움직이며 일하는 육체노동은 급격히 줄었고, 실내에서 그것도 주로 앉아서 일하는 시간이 증가했다. 또한 인근 지역에서 생산된 식품을 먹는 대신에 어디서 생산됐는지 모를 포장된 음식을 먹게 됐다.

산업혁명은 엄청난 환경 변화를 가져왔지만, 1980년대 이후의 정보기술혁명은 그 변화를 더욱 가속화시켜 지금과 같은 환경을 만들어냈다. 정보기술의 발전 속도는 기하급수적으로 빨라졌고, 그로 인한 환경 변화에 적응할 수 있는 사람은 극소수에 불과하다.

대부분의 사람은 급격한 환경 변화의 희생자가 된다. 그리고 그들 중 다수는 새로운 세계에 대처하는 능력과 자제력을 발휘하지 못해 다양한 대상에 중독된다. 주로 기술에 중독되지만, 카페인 같은 각성제, 탄수화물과 설탕이 다량 함유된 음식이나 일에 중독되기도 한다. 문화적으로 용인되는 이 모든 중독 증상들은 서로를 부채질하며 사람들을 끊임없는 스트레스와 수면 부족으로 몰아넣는다.

이런 환경에서 우리는 대부분 생존 모드로 살아가고 있다. 중독이 일상화된 상황에서 자신의 삶을 통제하려면 어떻게 해야 할까? 당연히 의지력은 그 답이 아니다. 우리를 압박하는 환경 요인이 너무 많기 때문이다. 중독 전문가인 아널드 워시턴Arnold M. Washton 박사는 "많은 사람이 중독자에게 필요한 것이 의지력이라고 생각하지만, 이는 전혀 사실이 아니다."라고 주장한다.

문화적 중독을 극복하는 열쇠는 더 강력한 의지력이 아니다. 의지력은 쉽게 사라진다. 잠에서 깨어 스마트폰으로 손을 뻗는 순간 의지력은 사라진다. 수천 가지 선택지가 쏟아지면 의지력은 사라진다. 두 주먹 불끈 쥐고 변하려고 노력해도 소용없다. 의지력은 유용했던 적이 없다. 그보다는 환경을 조성하고 통제해야 한다.

마음의 변화와
외부 환경의 변화가 필요하다

최근에 와서야 심리학계에서 의지력, 즉 내적 또는 외적 장애에 맞서 자유 의지를 행사하려는 힘에 관한 논의가 활발해졌다. 미국 심리학회의 연례 스트레스 조사에 따르면 사람들은 목표를 달성하지 못하는 이유로 의지력 부족을 꼽았다. 이에 선 세계의 연구자들이 어떻게 의지력을 발전시키고 고갈된 의지력을 극복할지 연구하고 있다. 의지력은 인생을 어떻게 살지 결정하지 못한 사람에게 필요한 것이다. 의지력을 발휘해야만 할 수 있는 일이라면 그 일에 내적 갈등을 느끼고 있음이 분명하다. 예를 들면 쿠키를 먹고 싶지만 건강하고 싶기도 하다. 일에 집중하고 싶지만 유튜브 영상도 보고 싶다. 자녀와 시간을 보내고 싶지만 자꾸 스마트폰으로 눈길이 간다.

심리학에서는 의지력이 근육과 같다고 본다. 의지력은 적당한 수준을 사용할 때는 잘 발달하고 힘을 낸다. 하지만 지나치게 많이 사용할 경우, 근육이 마모되고 닳는 것처럼 고갈되는 한정된 자원이다. 그래서 힘든 하루를 마칠 즈음에는 의지력 근육이 기진맥진해 무방비 상태가 되므로 돈 낭비, 시간 낭비인 야식과 게임을 참을 수 없다는 것이다. 적어도 당신이 배운 바로는 그렇다.

의지력에 관한 연구는 분명히 인간의 행동을 설명해준다. 하지만 그것이 전부는 아니다. 의지력이 필요하다는 것은 근본적으로 다음과 같은 몇 가지 원인 때문이다.

- 자신이 원하는 바를 몰라서 내적 갈등을 느낀다.
- 목표에 대한 욕구(이유)가 강하지 않다.
- 자신과 자신의 꿈에 투자하지 않고 있다.

- 목표와 상반되는 환경에서 생활하고 있다.

이 네 가지 원인이 마음속에서 정리된다면 내적 전쟁은 끝난다. 따라서 향후의 결성늘도 쉬워진다. 의문도 없다.

당신은 자신의 문제에 관해 진지한가? 아니면 그냥 말뿐인가? 여전히 애매한 입장인가? 아니면 결정을 내렸는가?

결정을 내리기 전까지 당신은 끊임없이 의지력을 요구받을 것이며 결과는 계속 지지부진할 것이다. 정말로 목표를 달성하고 싶다면 의지력에 매달리기보다는 다음과 같은 행동이 뒤따라야 한다.

- 사전 투자
- 결정의 공개
- 기한 설정
- 몇 가지 형태의 피드백/책임 소재 방식 설정
- 당신의 노력을 저해하는 모든 환경 요인의 제거 또는 변경

목표 달성을 위해서는 내적 결심과 정신력에 의지하기보다 목표를 중심으로 다수의 외부 방어 체제를 마련해야 한다. 이는 목표 달성이 불가피한 조건을 만들어놓으라는 뜻이다. 이제 모든 것이 준비됐다. 당신의 가장 큰 바람대로 행동하는 수밖에 없다. 그러지 않는다면 너무 많은 것이 위태로워진다.

우리도, 우리 삶도
환경의 산물이다

우리는 환경에 적응하며 살아간다. 그러므로 개인의 발전을 도모하고자 한다면 자신이 되고 싶은 사람으로 만들어줄 환경을 의도적으로 조성하고 통제해야 한다. 삶의 모든 것은 자연적이며 유기적인 과정이다. 우리는 자신이 선택한 환경에 맞춰 적응하고 진화한다. 당신은 환경 때문에 지금의 당신이 되었다.

변화를 원하는가? 그렇다면 환경을 바꿔라. 의지력에 매달리는 어리석은 짓은 이제 그만두자.

이런 주장은 변화를 위해 자신을 먼저 바꾸라고 주장하는 자기계발서들의 조언과 상반된다. 대부분의 자기계발서는 자신에게 집중하라고 한다. 그것도 이해는 된다. 우리는 상황을 무시하고 자신만 생각하는 대단히 개인주의적인 문화 속에 살고 있기 때문이다.

환경 설계는 다르다. 이는 당신의 성공을 불가피하게 만드는 조건들을 조성하는 것이다. 예를 들어 일에 집중하고 싶다면 물리적 작업 공간은 물론이고 디지털 작업 공간에서도 모든 방해물을 제거해야 한다. 만약 건강에 좋은 음식을 먹고 싶다면 건강에 해로운 음식을 냉장고에서 몰아내야 한다. 창의적인 통찰력을 얻고 싶다면 하루 이틀쯤 교외로 나가 휴식을 취해야 한다. 동기 부여를 원한다면 더 큰 책임이 따르는 일을 맡고 성공과 실패에 따른 이해관계를 늘릴 필요가 있다.

환경 설계에 주력하는 사람들은 개인의 내부 세계와 외부 세계가 명확히 구분되지 않는다는 점을 인식한다. 예컨대 심리학 연구에서는 내재적 동기intrinsic motivation와 외재적 동기extrinsic motivation를 구분하지만 사실 둘은 함께 작용한다. 당신이 가까이 하는 사람을 바꾸는 외적 환경 변화는 당신의 생각과 감정을 변화시킨다. 그리고 이런 내적 변화는 가치관과 신념을 변화시켜 외부 환경을 더욱 변화시킬 필요를 느끼게 만든다. 생활환경을 어떻게 바꾸는가에 따라 당신이 어떤 사람이 될지 결정되는 셈이다.

당신은 자신이 소비할 정보, 가까이 할 사람, 방문할 장소, 경험 같은 외부에서 입력되는 내용을 사전에 조정함으로써 자신의 세계관을 설계할 수 있다. 하지만 사람들은 어떤 환경에 처하든 별다른 생각 없이 대응하며, 따라서 비효과적인 행동과 피해의식으로 가득한 세계관을 갖게 된다.

먼저 '환경'의 정의부터 분명히 해둘 필요가 있다. 우리는 모두 내부 환경과 외부 환경, 대인 관계 환경을 갖고 있다. 하지만 이 책에서는 환경을 내부 환경이 아닌 외부 환경의 개념으로 사용했다. 예컨대 물리적인 주변 상황, 당신이 관계를 맺기로 선택한 사람들, 받아들인 정보, 섭취한 음식, 듣는 음악 등이다.

외부 환경은 내부 환경을 형성한다. 그러니까 당신의 세계관, 신념, 가치관은 당신 안에서 온 것이 아니라 밖에서 온 것들이다. 당신이

1950년대 미국 남부에서 성장한 백인이라면 당신의 세계관은 그러한 관점에 의해 형성됐을 것이다. 중세 유럽이나 공산주의 치하의 북한에서 성장했거나, 2005년에 태어나 인터넷을 사용하며 자란 디지털 네이티브라고 해도 마찬가지다. 당신의 목표, 신념, 가치관은 당신이 살고 있는 문화적 맥락에 의해 형성된다.

환경이 오늘날보다 더 극단적으로 영향을 미치고, 더 스트레스를 유발했던 적은 없었다. 그러나 환경은 당신의 적이 아니다. 사실 서구 문화, 특히 심리학계와 자기계발 분야에서는 환경이 비난의 대상이다. 이들은 흔히 "상황의 산물이 아니라 자기 선택의 산물이 돼라."는 구호를 내세운다. 표면적으로는 아주 훌륭한 조언이다. 하지만 순진하고 부정확한 조언이기도 하다.

당신의 삶은 당신의 생각과 선택의 산물이다. 하지만 그 생각과 선택은 어디에서 온 것일까? 그것은 결코 난데없이 저절로 생겨난 것이 아니다. 당신이 읽은 책, 경험, 가까이 한 사람들과 같은 특정한 환경 요소들을 마음이라는 정원에 심고 가꿔온 결과다.

당신이 직접 주변의 환경을 만들어왔고, 그 환경이 자신도 모르는 사이 생각과 행동의 변화를 가져온다. 당신이 환경을 조성할 때 사고와 선택에 대한 통제력은 커질 것이다. 따라서 자기계발서의 전통적인 조언에 따라 환경 또는 상황을 적으로 만들어서는 안 된다. 그 대신에 환경이야말로 개인이 진정으로 변할 수 있는 유일한 길이라는 사실을 깨달아야 한다.

당신은 새로운 정보, 새로운 관계, 새로운 경험을 통해 변화한다. 삶을 풍요로운 정원으로 가꾸려면 당신의 환경에서 적절한 씨앗을 찾아 뿌려야만 한다. 대부분의 환경이 당신을 산만하게 만들고 성취감을 느끼지 못하게 방해한다고 해도, 성장을 모색하는 사람이라면 '환경'이나 '상황'을 전부 외면해서는 안 된다는 점을 기억해야 한다. 환경은 당신에게 최고의 친구가 될 수 있다. 그리고 사실 당신과 당신의 환경은 하나다.

당신이 환경을 만들지 않으면
환경이 당신을 만들 것이다

일반적인 자기계발서의 처방인 의지력과 태도 변화는 당신을 좌절의 늪에 빠지게 만들지만, 의도적으로 환경을 설계하라는 처방은 당신을 비약적이고 근본적인 발전을 이룰 수 있게 만든다. 그런 선택을 한다면 당신이 지금까지 겪어온 환경을 바꿔 10배, 100배 더 긍정적인 영향을 주는 상황에 능동적으로 들어갈 수 있다.

어떻게 하면 되는가?

새로운 환경에 적응하면 된다.

부담이 큰 상황들을 만든 후에 그런 상황들에 조심스럽게 적응하는 것이 성공의 열쇠다. 찰스 다윈Charles Darwin 은 "가장 강한 종이 살아남는 것도, 가장 지능이 높은 종이 살아남는 것도 아니다. 변화에 가장 잘 적응하는 종이 살아남는다."라고 말했다.

사실 당신은 그 어떤 환경에 놓여도 놀라우리만치 금방 적응할 것이다. 인간의 적응력은 놀라울 정도다. 빅터 프랭클Viktor Frankl은 나치의 강제수용소에 갇혔을 때 작은 침대 하나에서 9명이나 되는 사람들과 함께 편안히 잤다고 회상했다. 그는 《삶의 의미를 찾아서》Search for Meaning에서 "그렇다, 사람은 어떤 것에도 익숙해질 수 있다. 그게 어떻게 가능한지는 묻지 말라."고 이야기했다.

얼마나 크게 변화된 환경이든, 얼마나 끔찍한 환경이든 사람은 적응할 수 있다. 많은 사람들이 그러듯이 당신에게 주어진 부정적인 환경에 적응하며 살아갈 수 있다. 하지만 거기서 빠져나와 스스로 긍정적인 환경을 선택하고 새로운 적응을 할 수도 있다.

이 책에서는 의도적으로 환경을 조성하는 방법을 알아봤다. 또한 환경이 어떻게 해서 지금의 당신을 만들었는지 그 이유도 설명했다. 이 책의 목적은 작은 변화와 급격한 변화 모두가 가능하다는 것을 보여주는 데 있다.

당신은 독자적이며, 변하지 않는 존재가 아니다. 심리적으로나 지적, 정서적, 영적으로나 당신의 환경이 유전보다 훨씬 중요하다. 그리고 환경은 전적으로 당신의 책임이다. 따라서 당신은 스스로 어떤 사람이 될지 감독할 수 있다.

이 책을 다 읽고 난 지금 당신은 어떤 변명도 할 수 없을 것이다. 당신이 정체되어 있는 이유로 유전자나 과거, 또는 다른 어떤 이유도 지목할 수 없을 것이다. 대신에 궁극적으로 당신을 창조해주는 환경을 만드는 원리를 이해하고 이를 실천할 전략들을 알게 될 것이다.

환경이 얼마나 중요한지 알았다면 이제 당신 삶의 환경을 스스로 변화시켜보자. 늘 같은 환경 속에 있다면, 늘 가던 길만 걷는다면 변화는 시작되지 않을 것이다.

수많은 분들의 도움이 없었다면 이 책이 나오지 못했을 것이다. 멘토들, 선생님들, 가족과 친구들이 베풀어준 도움에 감사드린다. 내게 멋진 삶을 허락해주시고 항상 함께해주시는 하나님께 특히 감사드린다. 내 꿈을 이루게 해주었으며 영원한 동반자가 되어준 아내, 로렌에게 고마움을 전한다. 매일 내게 더 나은 사람이 되라고 도전해오는 우리 아이들도 고맙다. 영감을 주고 무조건적인 사랑을 보내준 부모님과 동생들, 트레버와 제이콥에게도 감사한 마음이다. 사랑과 함께 내가 작가 경력을 쌓는 동안 금전적 지원을 해주신 장인, 장모님께도 감사드린다.

아세트 출판사의 담당 편집자인 미셸 하우리에게는 Medium.com

에 올린 내 글들을 발견하고 내게 기회를 주고 이렇게 책으로 출판될 수 있게 해줘서 고맙다는 말을 전하고 싶다. 여러 책으로 내게 영감을 주고, 출판 제안서를 작성하고 출판 에이전트를 구하는 데 도움을 주었으며, 집필부터 마케팅까지 모든 과정에 도움을 준 라이언 홀리데이에게도 감사의 말을 전한다. 편집 아이디어로 이 책에 도움을 준 것은 물론 2년 넘게 나를 위해 노고를 아끼지 않고 든든한 아군이 되어준 지미 소니에게도 감사드린다. 내가 경력을 놓고 고민할 때 현명한 결정을 하게 해주고 정서적 지지를 보내준 에이전트 레이철 보걸에게도 감사를 표한다.

대학원 논문 지도교수인 신디 퓨리의 인내심과 이해심에 늘 감사한 마음을 갖고 있다. 내가 평범하지도 이상적이지도 않은 대학원생이었다는 것을 알고 있다. 퓨리 교수보다 훌륭하고, 마음을 써주는 지도교수는 찾기 힘들었을 것이다.

내가 작가 경력을 쌓는 동안 멘토 역할을 해주고 우정을 나눠준 제프 고인스에게도 감사드린다. 글쓰기 및 인생의 멘토가 되어준 리처드 폴 에번스에게도 감사해야만 한다. 내 성공을 후원해준 조 폴리시와 지니어스 네트워크 팀에게도 감사드린다. 내가 강연자로 발전할 수 있도록 큰 도움을 주었을 뿐 아니라 인생의 전환점이 될 기회까지 아낌없이 준 조엘 웰던에게도 감사한 마음을 전하고 싶다. 이 책의 제목을 정하는 데 도움을 준 JR에게도 감사의 마음을 전한다. 그가 나를 살렸다!

내 글쓰기 실력을 발전시켜주고 줄곧 최고의 친구가 되어준 네이트 램버트에게도 고맙다는 말을 전하고 싶다. 내가 대학에 다니는 동안 가르침을 주신 제프리 레버와 브렌트 슬라이프께도 감사드린다. 두 분은 나의 시각 전부를 바꿔주었으며, 이 책의 대부분은 두 분께 얻은 가르침의 산물이다. 나의 지원 부대이자 가족이 되어준 마이클 바커, 제인 크리스텐슨, 브라이언 크리스텐슨, 매트 발로우, 스티브 다운, 웨인 벡, 앨런 번스, 린다 번스, 미린다 콜, 리치 노튼에게도 감사를 전한다. 그리고 미처 언급하지 못한 많은 분들께도 감사한 마음을 전한다. 황송하고 감사한 마음뿐이다. 마지막으로 내가 영감을 받은 책들을 써주신 모든 저자들께 감사드리고 싶다.

최고의 변화는
어디서
시작되는가